愛と信頼考

―学寮の贈り物

眞 方 忠 道

南 窓 社

はじめに

私はクリスチャンです、と告白すれば、（友人、知人はすっかり買いかぶってくださっておりますが）私の本当の姿を知っている人は笑い出すでしょう。教会にも通わず、洗礼も受けていない、日頃からチャランポランで意志薄弱、うかうかといいかげんな日を送っているからです。ところが実は、両親ともにクリスチャン、特に父は内村鑑三の弟子塚本虎二先生に旧制高等学校の学生時代から私淑、信仰の先達と仰いで生涯を送りました。母は東京女子大学で、新渡戸稲造、安井てつ両先生の謦咳に接したのです。そして私はミッションスクール東北学院中学、高校に通い、キリスト教のLIFE LIGHT LOVEの３Ｌ精神が血肉となるよう教育を受けました。これほど恵まれた環境に育ちながら、「私はお前の業を知っている。お前は、冷たくもなく熱くもない。いっそ冷たいか熱ければよいのに！　私はお前がこんなに生温くて、熱くも冷たくもないから、お前を口から吐き出そうとしている」（『ヨハネの黙示』三・一五―一六、塚本訳）という句が耳に痛い生活を続けているのが私の現実です。クリスチャンホームに育った私にとって、父なる神が在《いま》すということは、幼い頃から当然のこととしていわば体の中にしみこんでいます。その点、苦しみ抜いて神を信じるに至ったクリスチャンに比べると甘っちょろいのかもしれません。しかし、ここまでの旅路を神が護り導いてくださっているというのも実感で、感謝で一杯なのは確かです。この中途半端な煮え切らない態度は、自分がクリスチャンであることを世間に向かって告白しないからだ、キリストの福音の伝道に踏み切らないからだ、と言われるのにも一理あります。が、私は臍下丹田に力を込め、ハートから声をあげることができないのです。ところが先日、内村鑑三全集を辿っていた所、次のような一節に出会いました。

> 基督教の伝道は一つの表白であります、是は「汝、罪を悔ひ改めよ」と云ふのではなくして、「我れ我が神の恩恵に由りてかく成るを得たり、余は汝にこの事を報らせんと欲す」と云ふ事であります、そうして有力なる伝道とは常に斯かる伝道であります。
>
> (『内村鑑三全集』第十二巻、一九一頁)

この一文を読んだとき、私が足かけ十年にわたって青春時代を過ごした「春風《しゅんぷう》学寮」、特にこの寮の精神「愛と信頼」について語ることは、私なりの伝道として許されるのではないかと、ひらめいたのです。なぜならそれこそ、この学寮のおかげで今私は喜びに満ちた生活を送ることができている、と伝えたいからです。といいながら実は同時に、学生時代から三十年近く公私にわたり筆舌に尽くせぬご指導をいただいた齋藤忍随東京大学名誉教授の御恩についても語らねばならないことに気づきます。私にとって春風学寮生活と齋藤教授のもとでの学生生活はいわば車の両輪でした。欠点だらけの私がまがりなりにも一人前の生活を送ることができるに至るまでの道を省みるにはこの両輪について語らねばなりません。しかしそれはあまりにも大仕事なので、ここでは車輪の片方、春風学寮を紹介し、ついで「愛と信頼」について考えてみたい、車輪のもう一方については後日を期したいと思います。

　ところで、春風学寮など名前も知らないし、ありがたそうに話題にされても、自分と何のかかわりがあろうか、と感じられる方も多いことでしょう。しかし神によりすがって生きるご夫妻のもとに集められたヤンチャな若者達が巣立っていった小さな学寮の生命の輝きについて語り、また受け継いで行くことは、どこかで芽を出すかもしれぬ種を播く仕事とお考えいただきたい。そこで第一部に、今回書き上げたⅠ「春風学寮」、Ⅱ「愛と信頼考」、そして私がこれまで春風学寮や無教会関係の文集に載せた拙文をまとめたⅢ「追憶—おじさまと生命《いのち》の泉」を収めます。第二部では、拙著『人間観をたずねて——哲学入門』（南窓社、二〇一四年）の一部を「ユダヤ・キリスト教の人間観」と題してⅠ「旧約聖書の世界」、Ⅱ「新約聖書の世界」、Ⅲ「トルストイのユートピア——『イワンのばか』」を再録します。第二部は、看護学校などで倫理学の授業に用意した資料で、信じるとか信じないとかは別に、キリスト教について知っておいて欲しいと考えて執筆したものです。第一部で語り切れなかった部分に光を当てることができれば幸いです。

（なお、話の重複、表記の不統一は、発表時のものに手を加えない方針によることをお断りしておく。）

愛と信頼考――一学寮の贈り物　目次

装画　秀村弦一郎
屋敷和佳
写真　秀村研二
小館美彦
眞方忠道

愛と信頼考——一学寮の贈り物

第一部

愛・信頼・春風学寮のこと

学寮への通路

I　春風学寮

東京での遊学が決まった時、父の紹介で世田谷の経堂にある春風学寮への入寮が許された。

一九二八（昭和三）年、昭和天皇の即位式が挙行された御大典を機に、満鉄（南満州鉄道株式会社）の記念事業の一つとして満鉄関係者の、東京に留学する子弟の為の学寮計画が立てられた。この計画を実現されたのが、満鉄の調査課課員、後に社会課主事の職から転身されたクリスチャン道正安治郎先生である。学寮は春風学寮と名付けられ、一九二九（昭和四）年五月五日に開寮式典を迎えた。（ちなみにこの年の秋、アメリカでの株価大暴落から大恐慌が世界を襲い第二次世界大戦の遠因となる。）当初は満鉄職員の子弟で大学や高専に学ぶ学生、戦後は寮先輩や知人の紹介による大学生が入寮を許される。寮生は道正先生を囲んでの週末土曜夕方の会食（その時間に帰寮できた寮生が参加）、日曜日の早朝の会食、そして道正先生の日曜聖書講義に出席すること以外に一切規則に縛られない——という程度の知識を持って入寮した。入寮後間もなく先輩の部屋に、入寮したての四人が呼ばれ、集まっていた先輩達から、規則ではないが共同生活を送るにあたって守るべきルールなるものを聞かされた。その中で厳しく注意されたのは、道正ご夫妻

を先生と呼んではならない、「おじさま、おばさま」（くだけて「おじさん、おばさん」）とお呼びするようにということであった[1]。他はいずれも常識的な注意であったが、「この寮の精神は愛と信頼である」という言葉を先輩達は繰り返した。こうして私の春風学寮生活は始まり、結局足かけ十年になるのである……

さて、ここまでは非常に堅苦しい形式的な紹介になってしまいました。ここからは「おじさま、おばさま」の愛に包まれ、自由に伸び伸びと、各寮生がそれぞれ個性を発揮し、愉快な喜びに満ちあふれた春風学寮についてお話しすることにします。

おじさま（こうお呼びしないと話がしっくりこないのでお許し下さい）は、ほとんどご自分のことを語られることがなかった。ときに、満鉄の調査課で関東軍の板垣征四郎[2]をはじめとする将官や右の大川周明[3]、左の佐野学[4]たちと議論を闘わせていたことをちらりと話されましたが、その後日本が辿った運命について反省すべきことを若い私たちに知っておいてもらいたいとのお気持ちがあふれ出た一コマで、例外的でした。そこで私は、たまたま手に入ったおじさまの活字になった文章、おじさまが聖書講義の中で脱線的に話されたこと、先輩達から伝え聞いた断片的なことをつなぎあわせて、おじさまについて、そして当然おばさまについても、お話しすることにします。（無教会関係の文書を蒐集所蔵する今井館などを利用して、実証的におじさま像を刻み上げる作業を若い世代に託したい。）

おじさまは一八八九（明治二十二）年十一月二十七日、福井県今立郡粟田部町（現、越前市粟田部町）生まれ、地元の武生中学校卒業後上京、早稲田大学に学ばれました。御尊父について、「私は……いたずらで目にあまる親不孝であったが、どんな場合にも叱られたことは一度もない。寡黙な父は笑顔で私を傍において話しをさせて喜んでいた。ただ一つ、熱心な親鸞の念仏信者で口から念仏がたえない。家族は朝夕仏壇を拝まずには食事が出来なかった。」と語っておられたと伝えられています。

上京後まもなく学友に誘われておじさまは内村鑑三の聖書研究会に出席、そこで初めて聖書を手にされます。その頃のことを、傘寿を迎えられたおじさまはこう書いておられます。

内村先生はどういう方か、何一つ予備知識はなかった。友人は「ともかく、おれについて来い。そうすればわかる」と言う。なるほど田舎では見られぬ先生の威風堂々たる態度と闘志満々たる容貌に圧せられたが、講義の内容はさっぱり分からなかった。ただ講堂が満員で、座席が紳士淑女に分かれて襟を正して二時間近く静粛にきいておられる態度がひどく印象的であった。二度目にも講義の引用箇所や前後関係は相変わらずちんぷんかんぷんであったが、三回目頃にときどき「神は愛である」と言われる「愛」の言葉だけが耳に残った。……ある日のこと、私が上京するときに、父が玄関先に出て私の姿が見えなくなるまで見守ってくれた愛の瞳が、電光石火のように心をうった。その瞬間、わからなかった神の愛を、父の愛と結び付けて考えるようになった。」

（『聖書読者』創刊号、一九六九年四月、所収、
『春風学寮――はるかぜのたより２００２』再録より引用）

少々長くなりましたが、おじさまの以後の信仰生活のスタートを告げる、そしてわたしたち春風学寮寮生にとってのおじさまの愛の源泉を教えてくれる貴重な記録であり、落とすことはできません。

一方おじさまは、明治の青年らしく政治にも関心が深く、在学中弁論部に所属し、永井柳太郎[5]に随行し遊説などもされたと聞いております。しかし内村鑑三の影響のもと、政治による国家の改良か、個人の霊の救済か、おじさまは苦悩されたものと思われます。一九一三（大正二）年、言語学者でもあり東洋の宗教、特に景教（キリスト教ネストリウス派）研究者として著名な佐

伯好郎教授のすすめで米国に留学、スタンフォード大学などで学ばれました。スタンフォードなどで学寮の学生たちのフラタニティー（友愛会）のすばらしさ、先生がたも機会あるごとに食事を共にし、語り合い、学生たちがジェントルマンシップを身につけて育って行くすばらしさを、おじさまは講義の脱線のおりにお話しされました。なお時期の前後は不明ですが、おじさまはサンフランシスコ基督教青年会の創立者ストージ氏の知遇をうけ、そこの寄宿舎の管理をまかされます。おじさまの中で学生寮の理想がはぐくまれ、後に花を咲かせ果を実らせることになるのは、エジプトに売られたヨセフがファラオの補佐役にまでなり、飢饉で窮地にたった父ヤコブと兄弟たちを助ける物語を連想させるではありませんか。

一九一九（大正八）年、帰国されたおじさまは、請われて満鉄に入社、調査課に勤務されます。在寮中、ふとした機会におじさまが、「中国が今整備している鉄道網は、満鉄調査部でわたしたちが検討して設計した図面通りにすすめられている。わたしはこうした調査のために中国全土に足を運んだ」と話してくださいました。これは誇張ではなく中国の将来のためにおじさまが情熱を注がれた仕事の証しです。と同時におじさまは、大連西広場日本キリスト教会に属され長老の一人として活動されたばかりではなく、市内にいくつか日曜学校を開設され、満鉄の若いクリスチャン社員がお手伝いをしたとの証言があります。また基督教の教派をこえたキリスト教徒の集まり「満鉄社員信徒会」を主催され、月に二、三回集会を開かれ、満州を訪れるクリスチャン（賀川豊彦など）があれば集会での講演を依頼するなど、教派をこえた集会を愛育された由、内村鑑三の無教会信仰に立ちながら差別なくクリスチャンを兄弟として敬愛されるおじさまの面目躍如たるものが伝えられています。

　しかし、おじさまはこうした活動をされながら、調査課での将官たちの議論に対する危機感、満州から日本に遊学する青年たちの将来に寄せる期待と憂慮の中で、もっと大きな仕事をしたいご様子だった、と満鉄でおじさまの手伝いをしていた若いクリスチャンの社員は回想しています。その頃、先に触れたように、御大典記念に満鉄では記念事業の一つとして、学寮建設の計画が持ち上がり、社会課主事として福祉行政を主宰しておられたおじさまに相談があり、おじさまは機の熟したことを悟られたものと思われます。すなわち、若き日にアメリカで体験されたフラタニティーの中での理想的な学生生活の実現、無教会キリスト教による学生の訓育の実践という使命に乗り出すに逃すべからざる秋《とき》と判断された——否、むしろ神によって与えられた神聖な使命と確信されたのです。おじさまは、満鉄の御大典寄付金にご自分の備蓄と退職金を加え、理想的な学生寮の設計にかかられます。土地は満鉄総裁の紹介のもと小田原急行会社（現、小田急電鉄株式会社）の尽力で世田谷の経堂に千二百坪の敷地を借入、[6] 建物は近江兄弟社の創設者ヴォーリズ氏と検討吟味、そして設計施工が同氏の建築事務所にまかされました。基礎のコンクリート打ちなどにはヴォーリズ氏自身が加わり、[7] 三十名の寮生の個室、[8] 台所、食堂、ホール、さらに直結しておじさまご一家の住宅を、外にはテニスコートと園遊会ができる芝生を備えた学寮が完成しました。おじさまの恩師杉山令吉先生が「春風駘蕩　和気藹々とした寮を目指したまえ」とおっしゃって「春風学寮」と名付けて下さったとうかがっています。開寮式のおじさまの挨拶には、次のような言葉がおどっています。

……斯様《かよう》な次第で学寮の建物は竣成致しましたが、之を経営しようとする私や寮生諸君は、共同連帯の責任を以って充分諸賢のご期待に背かぬ様内容の充実に努めたいのであります。例を外国にとります迄もなく、彼《か》の吉田松陰先生の松下村塾などは、其の精神に於て私共の大いに参考となるべきものがあると思います。私は「斯《か》くすべし、斯くすべからず」と云う事を多く要請致したくありませんが、何処までも、ペダンチックな道徳家を養うのでなく、とに角右にも左にもせよ、心一杯の動き方をする全人格を以って凡て大小となく決定する人格を造りたい、あらゆる障碍に打ち勝つべき底力があり環境を圧服するだけの勇気を養いたい、そして「邪悪にして不義なる代」に対する戦闘的良心を養いたい、そして国家有意の人材の輩出せんことを希《こいねが》うのであります。然しながら、私は一面に於ては、我が学寮に収容する学生に将来の見込みがあるかないか、即ち価値実現の可能性の有無に拘らず、悩める者、痛みをもつ者、貧しき者の為にも一層暖かい心を以って魂の救いとなる道場でもありたいと祈念します。とに角物事は最初が大切でありますから、健全なる寮風の振興する様、お互いに努力致し度いと存じます。……私は只々子弟を衷心から尊敬し、親心をもて愛しうる様祈って止みませぬ。此の仕事が自分のライフウァークとして生命を打込んで、生涯を学生の友となり、兄となり、父となって、神と人とに対し感謝の生涯を送りたいものと只管《ひたすら》願って居る次第であります。

（『創立記念　春風学寮寮報』第一号、一九二九年九月、所収、
『春風学寮　はるかぜのたより　２００２』再録）

ほぼ三十年後に入寮した私は、おじさまのこのご挨拶を知りませんでしたが、おじさまからあふれ出る空気はまさに、私たちの「友、兄、父」でした。この開寮の直後、春風学寮の入寮案内には、「どうか本学寮がやがて、吾等の愛する祖国の、来るべき時代を托する青年学徒のために、暖かき家庭の延長となり、清き友情の家となり、而して日々夜々真理に成長せんとする魂を訓練する活動場となりて、神を畏れ、正義に立ち、真理に服従し、愛と信頼との溢《あふ》るる理想的寄宿舎として、永く存在の価値あるものたらんことを祈念して敢えて設立の趣旨とする……」という言葉が述べられています。また寮創立の翌年に宮内省よりの御下賜金拝領を機に財団法人となった折の定款に、「本寮は……神を畏れ、学を励み、自治協同の精神を養い、兼ねて寮生相互に愛と信頼とを厚くするをもって目的とする」と謳われています。

「愛と信頼」の精神が春風学寮の背骨であることが宣言され、先輩たちが受け継ぎ、入寮したての私たちに伝え、そして私たちも後輩に伝えることになったのです。

ところで、おじさまは内村鑑三の無教会主義を真のキリスト教と信じながらも、アメリカで

も満鉄でも、教会で必要とされることがあれば、じつに柔軟に力を貸しておられます。しかし、春風学寮設立の前後から（四歳上の兄に対する雰囲気を伴いながら）塚本虎二先生を師と仰ぎ、また、教友として戦中、戦後、そして終生支えられることになります。塚本先生については後篇の「愛と信頼考」の部でお話しますが、内村鑑三の最愛の弟子と言っても過言ではない先生が、もがき苦しみ、絶望の中で内村鑑三から独立させられた年と、おじさまの寮の開設がかさなるのです。なお、この出来事については「内村鑑三先生逝く」「内村先生の死と私」（『塚本虎二著作集』続第四巻所収）で、胸をえぐられるような、涙なしには読めない先生の告白があります。（ちなみに先生の「青空に柿の熟し切ったる　鴉つつき落せり」の色紙がおじさまの「住宅」の床の間にかかっていた。）内村鑑三のもとからは多くの錚々たる学者や独立伝道者が輩出していましたが、おじさまは塚本先生の「信仰のみ」「復活の信仰」そして「聖書のみ」の人生に共鳴されたのだと思います。（なお、以下で『著作集』は『塚本虎二著作集』第一巻―第十巻、続第一巻―第八巻、一九七八―八五年の略）

私が入寮した頃には、第一回の卒寮生以下戦中の先輩が五月五日の創立記念感謝祭（「寮祭」）に集まり、満州育ちでなければ経験できないようなスケールの大きな楽しい思い出話をしてくださいました。それこそ春風の名にふさわしい寮がスタートした様子が再現されました。しかし、この輝かしいスタートの三年目におじさま、おばさまは愛息義彦君、ついで愛嬢悦子さんを亡くされたのです。無償の愛で学生諸君を包み育てられているお二人に、神はこんな残酷な試練を与えられた。そのご胸中は察するにあまりあります。

塚本先生は義彦君の告別式で述べられます。

> ……人の霊魂を救うには、血を必要とします。潔き血を必要とします。愛する者の潔き血を必要とします。これのみが生命を与うることが出来ます。義彦君の死は実にこの為の犠牲であります。彼の潔き、尊き血によって、その愛する人々の上に溌剌たる生命が降り来ることを、私は信じて疑いません。
>
> 傷口は痛みましょう。しかし、「今の時の苦難は、われらの上に顕れんとする栄光にくらぶるに足らず」であります。暫しの忍耐であります。……
>
> （「僕は鉄の棒で」一九三二年十二月、『著作集』続第四巻、四〇四—〇五）

悦子さんの告別式ではつぎのように話しておられます。

> 義彦君が天のお父様の所に行かれてまだ五十日にならないのに、思いがけなくも、悦子さんがお兄さんの側に行ってしまわれました。仲が好かったお二人は互いに寂しくて、一緒になられたのでありましょう。……私は彼女が死んだとはどうしても信じられません。お兄さんと同じように、生きながら神の国に飛んで行かれたのであります。従って、私は少しも悦子さんのことに就いては心配いたしません。
>
> 失礼ながら私はただ御両親のことを心配しました。打ち続く御不幸に、信仰の砦が崩壊し

てしまったのではないかと思いました。しかし意外にも、お二人の顔は歓喜と希望に輝いております。その口をついて出るものは、感謝と賛美であります。義彦君の時の悲嘆が今は喜悦に変わっております。世の人と全然正反対であります。何という不思議でありましょう。

　不思議ではありません。当然であります。義彦君の死が実を結んだのであります。天より生命が来たのであります。義彦君がお父様とお母様とに生きているのであります。……

　義彦君は神が奪い給うたのであります。悦子さんは御両親の深い感謝の献物であります。この尊い感謝の献物が如何に神を悦ばせ、如何に大いなる恩恵の原因となるべきかは、じきに私達が見得ることであります。……

（「感謝の献物」一九三二年二月、『著作集』続第四巻、四〇六―〇七頁）

　世間では信じられない逆転の人生をおじさまとおばさまは進まれることになります。天に本籍があり、神のもとに帰った義彦君、悦子さんと再会できる復活の喜びの信仰の下、試練を乗り越え、春風学寮の経営こそ神の与え給うたこの世での使命であると、いよいよ揺るがぬ道を歩まれることになったのです。

（ほぼ四十年後、私たちは台所でおばさまとよくおしゃべりをしましたが、「トルストイのイワンの王様の国では手に豆の無い人はご飯が後回しになるんだよ、っていう話をしたら、義彦がお兄さん達と野球をして、バットをいっしょうけんめい振り回して手に豆をつくって、どうだ、ちゃんと豆があるだろう、って手を開いて見せてね……」とまるで昨日のことのようにお話しになっていたおばさまが、忘れられません。）

試練といえば、もう一つ落としてはならない事件が、私たちに伝えられています。一九四三（昭和十八）年二月、反軍親米的聖書講義を行っているとの密告により、おじさまは憲兵隊に拘引され、約一ヶ月投獄されたのです。春風学寮を解散し、聖書講義を放棄するよう脅迫されたそうです。塚本先生の聖書講義を聴講する無教会の信仰の友人たち、特に藤林益三弁護士（後に最高裁長官）が奔走され、懲役一年、執行猶予二年の判決で釈放され、春風学寮は存続出来ることになります。

戦時下、空襲警報が鳴ると、机にむかい、心静かに墨をすり毛筆で、紙に縦に真直ぐ乱れることなき一本線をずっと引き続けることにしていた、とおじさまが話されたこともあります。昭和二十年の一時期、京都に疎開され寮を離れたことも、ちらりともらされました。実際は波乱万丈、奇跡の積み重ねの歴史があったのでしょうが、私は何も知らずにお気楽に寮生活に入ったことになります。以上は伝聞と推測を中心に組み立てたおじさま像としてお許し下さい。さて、これからは私の実体験（内村鑑三は「実験」という語を愛用します）をもとに、おじさま、おばさま、そして寮の思い出を記したいと思います。

先ず、今でも鮮明に覚えているのは、入寮したての頃、学校から帰ってくると、芝生にしゃがみこむようにして、無心に雑草をむしっているみすぼらしいよれよれのシャツに麦わら帽子の人夫さんがいる、あれっ、こんな人が寮に雇われていたのか、と思ったとたん、「やあ、お帰りなさい」とニコニコ顔を上げられたのはおじさま！　ショックで何とご挨拶したか記憶がありません。ただ後日、イエスの言葉と結び付いているのではないかと気付いたように思います。

「あなた達は生まれかわって子供のようにならなければ、決して天の国に入ることはできない。だから、この子供のように自分を低くする者、それが天の国では一番えらい人である。」
（マタイ一八・三—四）
「一番上になりたい者は皆の一番下になれ、皆の召使いになれ。」（マルコ九・三五）
「あなた達の間ではだれよりも一番小さい者が、一番えらい。」（ルカ九・四八）
「主であり先生であるこのわたしが足を洗ってやったのだから、あなた達も互いに足を洗う義務がある。」（ヨハネ一三・一四）

もちろん、これらの句はおじさまにとっては命令ではなく、感謝と祈りに通じるものだったことは確かです。よく賛美歌を口ずさみながら芝生の雑草抜きをされていたおばさまの姿も焼きついております。

おばさまといえば、あまりにも想い出がありすぎて、何か語ろうと思うと、頭の中が蜂の巣をつついたようになりそうですが、一つ——私は入寮後（たしか）三年間、一階の台所に近い部屋に入っていました。すると毎朝五時頃、静かなスリッパの音が扉の前を通り過ぎ、やがて賛美歌を口ずさみながら台所で立ち働く音が聞こえてきます。おばさまが鈴木さん（塚本先生門下の鈴木福治氏夫人）と朝食の準備を始められるのです。朝七時に鳴らす（客船の）ドラの合図が朝食開始なのですが、早く出かけなければならぬ寮生のために六時半には準備が整っています。私の入寮した頃は朝夕二食でしたが昔は三食、夏休みと冬の十日ばかりの休暇を除いて、毎日三十名の一番食べ盛りの男子学生のために食事を整えてくださったおばさまには、ただただ畏敬と感謝の思いをここに記す事しか出来ないのは歯がゆいかぎりです。

聖書講義・学生団欒の場となったホール
（額の下の絵は「ペスタロッチと子供たち」）

（私の在寮六、七年目頃おばさまが、長年にわたる立ち仕事のためにお体に不調をきたされ、一時寮生も台所のお手伝いをしたことがあります。ある日、おばさまは巻きずしを献立にされました。若い男子学生を満腹させるには一人四本は必要とお考えです。三十人分ですから、百二十本、不器用ながらお手伝いしたのですが私が一本巻く間におばさまは三本。それまで何度も巻きずしの夕食をいただきましたが、鈴木夫人と二人でこれだけの手間をかけてくださっていたことに気づかなかったことに恥じ入りました。これは一例ですべての食事について言えることなのです。また、毎晩ふきんとまないたの熱湯消毒を欠かされたことがありません。今日のように便利な滅菌洗剤など無い時代、食中毒に対し細心の注意を払って下さっていたこと（一事が万事）も、記しておきます。）

先輩がたについては、土曜日の会食に遅刻して厳しく注意されたこと、なにげなく話題にしたことが先輩の機嫌をそこねたことなどいろいろ想い出しますが、都内のいろいろな大学の学生との共同生活は、私の狭い世界を打ち破ってくれました。自分の大学で何気なく口にする話題が他大学の人には鼻持ちならないことがある、という発見は相手との違いを知ると同時にその違いを大切に尊重せねばならないことを学ぶことになります。これは一大学内の寄宿舎では井の中の蛙になりかねないところに対して、得られない賜物です。オリンピック出場の最終決定戦に臨む大学ボート部の選手、ラジオやテレヴィジョンを組み立てる先輩、ピアノの名手、世田谷区の合唱団員、言語学の大家（後の岩波版翻訳『旧約聖書』全十五冊の責任編集者の一人）等々、入寮以来実に多士済々、愉快な先輩、同輩、後輩に恵まれ、そして全国におじさまファンが根を下ろすのですから、旅行好きにとっては堪えられません。

さて、このようにとりとめのない思い出話は、当事者にとっては楽しいものですが、第三者にとっては実感もわかず、迷惑なだけでしょう。ここでふと思い出すのは、ある哲学者が、一人の人物を語るにはエピソード三つで足りるというようなことを述べていたことです。そこで私も三つのエピソードによって、春風学寮のおじさまを語って見ることにします。

　塚本先生が「道正君の話は、始めは処女のごとく、終わりは脱兎のごとしですよ」とおっしゃったことがあります。日曜日の聖書講義もその通りで、静かにゆっくりとその日に取り上げる聖書の一節（『マタイ伝』なら『マタイ伝』を二、三年ずっと読み継いできて丁度その日にさしかかった箇所）について旧・新約のいろいろな関連箇所をあげ、寮生にそこを読んでもらう、という形ではじまります。しかしそこで参照されている一句に触発されると、おじさまの講義は寮生活や社会生活に直結するような経験豊富なアドヴァイスへと熱を帯びます。明治時代の早稲田大学弁論部を彷彿させる迫力で、窓ガラスがびりびりふるえることもあります。この年頃の青年は、楽天的で愉快に過ごしているように振る舞いながら、内面で深い悩みを抱えていることがしばしばです。おじさまはまるでその悩みの内容までご存じかのような忠告を、ふと講義の中にはさまれるのです。自分に向けられていると感じた経験は、私ばかりではなく多くの寮友が回想しております。

　ある時、寮の中でどうしてもついて行けない先輩がいました。腹に据えかねた私は後輩のくせに、その先輩に忠告めいたことをしました。私が正しいのだと鼻息荒く立ち去った次の日、丁度日曜日でおじさまの講義が、『マタイ福音書』五章二一―二六節にさしかかっていたのでしょうか、「兄弟に恨まれていることを思い出したなら、……まず行ってその兄弟と仲直りをし、それからかえって来て供え物を捧げよ」という句をおじさまは繰り返され、祈るにせよ神の前に出る前に、とにかく仲直りをすることが第一である、と熱情をこめてお話しになりました。講義の後私は、半分いやいやながらそれでも謝るつもりで先輩の部屋を訪れました。私の顔を見た瞬間先輩は握手を求め、何も言葉を交わすことなく二人は心が一つになったのです。先輩がいろいろ悩みをかかえていた上での行動だったことが後からよくわかりましたが、おじさまは二人の危機を見通してくださっていたとしか思えない出来事でした。これが第一のエピソードです。

寮生活は和気藹々、冗談、駄洒落が飛び交い明るく日々が流れてゆくように見えますが、決してそう単純ではありません。三十名の若者がそれぞれ何らかの壁にぶつかり、もがき苦しむ事もあります。あるときは寮生活全体に関わるような問題もおこります。おじさまは普段は住宅で勉強をされており、時々夜に寮内を見回られる（「パトロール」と寮生は呼んでいた）だけなのですが、不思議にちゃんと問題を見抜かれる。そして本当に夜も寝ないで苦しまれる（おばさまのお話）。そして日曜日の聖書講義の中で、ご自分の信仰問題に重ね合わせて話をされる。耳ある者は、あっ、あの問題に対するお考えだなと気付く、という流れで寮生の心に平安をもたらされるのです。或る時、或る問題でおじさまは、一寮生の処遇について心を痛められ、閉寮まで考えられたようです。その時、聖書講義は、『マタイ福音書』十三章、「毒麦の譬え」（一三・

二四―三〇、三六―四三）にさしかかっていました。いつものとおり一節ずつ寮生に読ませ、講義では毒麦の植物学上の説明などをはじめ、一字一句ていねいに疑問点とご自分の解釈を示されます。いよいよ講義終了の時間がせまってきたころ、おじさまは、「熟す前の毒麦を抜こうとすると、（食べられる）麦も抜いてしまい枯らしてしまうかもしれないから、抜いてはならない」（二三・三〇）との主人の言葉を取り上げ、毒麦と麦は親、兄弟、友人のように根が絡みあっていて毒麦を抜く事は、全部を枯らしてしまうかもしれない、「私は毒麦を、抜く事はできない」と、血を吐くように講義を結ばれたのです。二つ目のエピソードです。

　春風学寮では月に何回か、日曜日の集会が終わった後、芝生の草抜きや枯れ葉の掃除をすることになっていました。掃除への参加は強制ではなく、都合のつかない者は放免されます。丁度昼前に掃除が終わると、おばさまはおにぎり、漬け物、煮物を用意してくださっており、芝生で一同はピクニックを楽しみます。その際、参加しなかった者でも、寮に居合わせる人は呼ばれて、いっしょに食事をします。何気なく行われている慣行ですが、私など正直申しまして、内心穏やかではいられませんでした。もちろん司法試験勉強の人などもいますが、早朝にたたき起こされるので集会が終わったのを幸い部屋で睡眠をむさぼっていたのではないかなどと疑いが湧いてしまう場合もあるのです（我ながら嫌な癖です）。

　ところがある日、『マタイ福音書』「葡萄畑の労働者の譬え」（二〇・一―一六）に出会った時、私は愕然としました。夕方一時間しか働かなかった労働者と同じ賃金しかもらえなかった朝から働いた労働者の不平が、まさに私の内心をあばいているからです。何時出来た慣行かわかりませんが、おじさま、おばさまの心がごく自然な形で表われているのではないでしょうか。ちなみにこの譬えの冒頭は「天国は……の如し」で始まっています。三つ目のエピソードです。

注

(1) この背後には『マタイ福音書』のイエスの言葉が秘められていると思われる。
「聖書学者とパリサイ人は……宴会の上席や礼拝堂の上席、市場で挨拶されることや人から先生《ラビ》と呼ばれることを喜ぶ。しかしあなた達は「先生」と呼ばれてはならない。先生はただ一人救世主《キリスト》だけで、後は皆兄弟であるから。」(『マタイ』二三・二―八、塚本訳)

(2) 板垣征四郎（一八八五―一九四八） 陸軍大将、陸軍大臣。関東軍高級参謀時代、石原莞爾とともに満州事変を決行。満州国独立、「日本民族大陸移動」を推進。日中戦争、太平洋戦争で指導的役割を果たす。極東軍事裁判でA級戦犯として刑死。

(3) 大川周明（一八八六―一九五七） 日本ファシズム運動の理論的指導者。満鉄に勤務、欧米からのアジア解放、日本改造を訴える。二・二六事件に関係。極東軍事裁判で精神障害を起こし免訴。『クルアーン（コーラン）』全訳、『マホメット伝』など。

(4) 佐野学（一八九二―一九五三） 昭和初期日本共産党の中央委員長。後、転向を表明。以前常任執行委員を務めたソ連指導のコミンテルン（各国の共産主義政党の国際統一組織）からの分離、満州事変の肯定、日本を中心とした国家社会主義の実現を目指す。

(5) 永井柳太郎（一八八一―一九四四） 石川県出身のクリスチャン。早稲田大学在学中から同大学雄弁会、足尾銅山被害民救済会で名をあげる。英国留学後母校で社会政策論、植民学の教授となる。後、憲政会、立憲民政党所属の衆議院議員となり、議会中心主義をモットーとする政党政治家として活躍。旧日本育英会の前身、大日本育英会を創立。

（6）「事業は一代限りとし、形骸は残さない」との内村・塚本の教えにおじさまは賛同され、借地に寮を建てることにした、と申されていた。

（7）「岩の上に土台をすえて家を建てる人」のたとえ話（『ルカ』六・四六―四九、『マタイ』七・二四―二七）の講義の折、おじさまは、ヴォーリズ氏自身がシャツ一枚になって、何度も職人に土台のコンクリート打ちをやり直させたという思い出をくりかえし話された。

（8）青年は一人一室、一日一回は一人になることの重要性を、おじさまは説かれた。

Ⅱ　愛と信頼考

春風学寮の精神は「愛と信頼」である、と寮生は入寮時に教えられ、在寮中もしばしば口にし、後輩にも伝える、卒寮後もその精神の中で生きる、というのが開寮以来の伝統です。おじさまも聖書講義でしばしば、寮に愛と信頼のみなぎる事を熱望されます。私も、寮生同士が信頼しあい、憎しみを忘れ友愛を身につけることを理想とするモットーのように受け止めておりました。ところが、或る時、新入生がクリスマスの出し物で、当時はやっていた言い回しで「ぼくらは幸せだなー、愛と信頼の寮にいるんだもの」というような台詞を口にしました。わたし達は無邪気な新入生らしいと受け止めたのですが、翌朝、おばさまがちょうど寮委員の役をしていた私に、おじさまが夜も寝ないでかんかんに怒っている、と告げられたのです（おじさまが怒りを発せられると、おばさまがそっと寮委員に注意をされるのが慣わしでした）。決して茶化したりする気は全然なく、喜びを表現しようとしてお調子に乗ってしまった旨ご説明し、新入生達が謝る事になりました。おじさまはおだやかに受け止めてくださり、一件落着となりました。おじさまの逆鱗にふれたこの事件で、おじさまにとって「愛と信頼」は命がけであり、軽々しく口にしてはならないと感じたのは確かです。しかし、非常に人間にとって大切なことと感じながら、あまり深く思いをめぐらすことなく過ごして来ました。

　二〇一九年六月十六日、増田信彦さん（おじさまの御次男、この時九十七歳、現在百歳でお元気）道子夫人（この時米寿、二〇二〇年十二月三日、天に召さる）を囲み、新・旧寮長夫妻、卒寮生五名ばかりが集まり、昼食会を楽しく過ごしました。この席上でふと誰かが、「愛と信頼」の由来（典拠）は何でしょう、という問いを発しました。会食の制限時間が来ており、そのまま解散になってしまいましたが、右にふれた事件を思い出すと共に、私は考えてもみなかった問題を突きつけられたようで、愕然としました。そこで思い出したのは、塚本先生の著作集を辿っている時、「愛と信頼」とその言い換えととれそうな言葉が、繰り返し登場している印象でした。そこで、『塚本虎二著作集』の範囲内ですが、「愛と信頼」について、塚本先生を頼りに考察してみたいと思います。

　その前に、私にとっての塚本先生のことを、ここで触れておきます。「はじめに」で触れたように、塚本先生は、父の旧制高等学校学生時代以来、キリスト教信仰の先達であり恩師です。子供の時から、なんだかわからないけど父母にとって大切な方という思いが、無意識のうちに心の底に育って来ていたように思います。先生が仙台にお見えの時、父に連れられてお目通りにあがったこともあり、白髪のうえに肌のとても美しい、一寸いたずら好きそうなおじいさん

（子供のこととご勘弁ください）という印象が残っています。大学受験に失敗し浪人のとき、父は私がこもりきりにならぬように、を口実に、塚本先生の「常磐夏季講習会」に参加するようお膳立てをしてくれました。参加されていた方々に二代目ということで暖かく迎えられ、お調子にのって、井の中の蛙で傲慢な振る舞いをしてしまっていたこと、今思い出しても赤面の至りです。塚本先生の講義は『ヘブル書』でしたが、無教会キリスト教の根幹、「各人祭司主義、各人牧師主義の主張」を「理路整然と説く」「新訳聖書中もっとも重要なものの一つ」「ある意味ではキリスト教の最高峰」（『著作集』続第八巻「ヘブル書講義」）とも知らず、私には「豚に真珠」だったようです。最終日の晩餐の後、感話と質問の会が開かれ私も当てられ、農村の政治的な事を質問したところ、「それは信仰問題とは関係ない」と鋭く厳しい口調で切り捨てられたのが、それまでニコニコ皆の話に耳を傾けておられた道正のおじさまで、震え上がりました。翌朝塚本先生に伝道についてお聞きしたところ（点数かせぎ?）、ちゃんと大学で勉強してから、そういう問題を考えるよう、やさしく諭されたお顔とお声が忘れられません。このような経緯があり、上京したら「丸の内無教会基督教講演会」に出席することは既定のこととして、日曜日の聖書講義のあと、おじさまのお供をして、経堂から東京駅丸の内行きのバスで小一時間かけて通うことになりました。新高層ビルが続々建てられ始めた時期で、おじさまがバスの窓から眺めながら、「こんなものが一瞬にして崩れ去る光景が目に浮かぶねえ」とおっしゃったことなど忘れられません。

　塚本先生の聖書講義も、一字一句を大切に、いろいろな解釈の可能性を示しながら、先生の信仰に光を当ててくれる答えにたどり着く、という流れでした。「皆さんの中には、塚本の話はいろいろ細かいことにこだわってなかなか進まないから、居眠り半分に聞いて、最後の十分間の結論で目を覚ませばよいと思ってる人が居りますでしょ」などと笑いを誘われることもありました。私の方に視線を向けられているようで恥ずかしくて顔があげられませんでした。「一人の力」（信仰の力についてのお話でしたが）の中で、民主主義といえば皆で意見を出し合って事を決めると考えられているが、結局、誰か一人の意見に従う人の数で、皆が動かされている、という考えを（実に理路整然と）述べられたこともあります。労働組合運動、

寮祭園遊会の一コマ

学生運動の盛んな時代でしたが、深く考えさせられたものです。聖書のどこの箇所の講義だったか、忘れましたが、「若い頃は、聖書の教えを、そうだ、そうだ、と思って話をしていたが、どうもマインドで話をしていたようで、この年になってやっとハートで話ができるようになった」という趣旨のことをふともらされました。その時マインドで美しい銀髪に、ハートで胸に手を当てられた姿が目に焼き付いております。

　とりとめのない思い出話を並べてしまい、肝心のキリスト教の信仰と真剣に取り組まない懶惰な学生、日曜日に教会に顔を出せば後は聖書も手にとらない教会信者と変わりがない生活を送っていたことがバレてしまいます。『キリスト教十講』の第一講「なぜ私はキリスト教を信ずるか」で先生が告白されている三四郎池のほとりでの神秘的な入信、関東大震災で崩れた建物の下敷きになった奥様を目の前で天に召され、一時《いっとき》神への抗議にもだえているさなか「一つの静かな、細い、しかし、つよい声が響いた――神は愛なり！」というくだりは胸をえぐられるよう、優しく皆を抱擁して下さる先生に対し、愛おしさ、敬愛、感謝で胸がいっぱいになったのも確かです。考えてみると、内村鑑三は、不敬事件をきっかけに、国賊と罵られ、石を投げられ、その心労で病に夫人が倒れて天に召され、さらにその後愛嬢を喪われるという、艱難また艱難に見舞われ、ヨブの苦悩を追体験するような中で、いよいよ堅く神によりすがり、福音を説き続ける生涯を送っています。前に述べたようにおじさまも、これでもかという試練に逢われております。ただその試練に遭う度にこれらの先輩達は必ず、「罪びとの首《かしら》」（『テモテ

へ　第二』一・一五）である自分が、キリストの十字架によって赦された喜びに立ち返っております。私はこうした先輩達の十字架のお陰で生かしていただけているのではないでしょうか。もう少し言うと、このような先輩方にしがみつくことでキリストに近づかせていただけるのではないか、というのは虫のよい考えでしょうか。キリスト教はよくわからないけど、なにがあってもおじさまについて行く、俺は「道正教」信者だと語る寮友が何人もいます。個人崇拝に陥っている非常に危険な考えと非難されそうですが、こうしたキリストへの道もありではないかと私は感じるのです。「わたしはもはや生きていない。キリストがわたしの中に生きておられる。」（『ガラテヤ人へ』二・二〇）とパウロは告白し、「わたしがキリストのまねをするのと同じに、わたしのまねをする者になってもらいたい。」（『コリント人へ　第一』一一・一）とコリントスの信徒に書き送っています。私の場合、おじさまはパウロで、神は、こいつは試練に逢わせるとすべて崩れてしまうから、道正夫婦にしがみつかせよう、と弱い私を憐れんで下さっているように思われてなりません。

　それはとにかく、丸の内の集会のピリリとした緊張をもって共に聖書を学ぶ中にも和気藹々とした空気――中には深い悩み苦しみを抱えながら真剣に塚本先生に信頼の目を注いでいる人も居たことでしょうが、一週間の旅路を護られ導かれたことへの感謝にあふれる空気――に浸れたことは、生涯の宝です。毎年夏季休暇に入る日とクリスマス前の日曜日には、春風学寮で塚本先生の丸の内集会の茶話会、感話会が開かれました。この集まりで中心はもちろん塚本先生ですが、側に控え目に座っておられるのはおじさまで、一番隅のほうにはおばさまが座られ、時々お茶の世話などでそっと動かれます。私は、信頼しあい、心が一つになっている塚本先生、おじさま、おばさまの姿を惚れ惚れ、部屋の隅から見つめたものです。……

本題「愛と信頼考」に入ります。（以下では少々論文風になるので、先生などの敬称は略します。なお『著作集』は『塚本虎二著作集』第一巻—第十巻、続第一巻—第八巻、東京一九七八—八五年の略）

☆ ☆ ☆

誰が一体アジヤ人特有の、日本人特有の、人と人との間の美しい愛情と信頼との関係を醜悪なる金銭関係に変えてしまったのであるか。……

数え来れば、わが家庭を破壊し、人情を破壊し、善き風俗と習慣とを破壊し、すべての社会制度を破壊してこれを強盗の巣としたのは、ことごとく毒悪なる欧米文明ではないか。欧米人は我らに最善を為したと同時に、最大の悪事を為した。最善はキリスト教の輸入であり、最悪は彼らがキリスト教文明と誇称している欧米文明を輸入したことである。……我らはイエスの福音を取らねばならぬ。しかし欧米文明に毒されたるキリスト教を棄てねばならぬ。……

（「キリスト教亡国論是非」一九三二年七月『著作集』続第三巻、一三—一四頁）

元旦に発せられた詔書において、陛下と私達との関係がただ「相互ノ信頼ト敬愛トニ依リテ結バレ、単ナル神話ト伝説トニ依リテ生ゼルモノニ非ズ。……」と明言されたことは、……民主主義日本の輝かしい誕生を約束するものである。

（「新生日本」一九四六年一月『著作集』続第四巻、二五四頁）

右の二つの文章は、身近な日常道徳の中から、塚本が大切で重要と受け止めている項目「愛情と信頼」「信頼と敬愛」を取り出して見せたものと、解することができるかもしれない。もちろんこの組み合わせは塚本固有のもので、きわめて斬新である。次の断片録も親子関係や子弟関係の秘訣を塚本流に喝破しているように思われる。しかし、何かそれだけでは汲みつくせないものが秘められているように感じるのも確かである。

親は子の最善だけを考えているのだから、叱られ、はねつけられるに決まっていることでも、駄々をこねるだけの信頼と愛をもたねばならぬ。親に心配をかけてはなどという考え方は、いかにも殊勝であるけれども、他人行儀の冷たい打算である場合がないとは限らない。先生に対する態度についてもまた同じ。

（「断片録」一九三六年六月『著作集』続第六巻、六三頁）

ではその汲みつくせないものは何であろう。もちろん、友人との間でも塚本は「愛と信頼」を大切にし、否、熱望する。

彼（藤井武）のその友に対する――殊に私に対する、愛と信頼とは、実に空おそろしき程までであった。彼はほんとに「婦《おんな》の愛にも勝り」て私を愛し、信じてくれた。四十幾年の生涯に於いて、彼ほど私を、それに値しないこの私を、信じ、愛してくれた人を私は知らない。

（「藤井と私」一九三〇年八月『著作集』続 第五巻、四二五頁）

この一文からほとばしる真情は私達の日常性を打ち破り、神秘的とさえ思える世界へと私達をいざなう。藤井武と塚本は学生時代から内村門下で信仰問題について夜を徹して語り合い、一体となった同志、同信の友と伝えられる。事実、

「先生は明治―昭和の日本に生まれて何を幸福だとお思いになりますか」「内村鑑三先生を先生にしたこと」「それだけですか」「藤井武を友人にもったこと」

（「断片録」一九三七年五月『著作集』続第六巻、一〇一頁）

とまで塚本は断言する。藤井―塚本の霊の交わりとも呼ぶべきその秘密に、もう少し迫って見たい。藤井は、内村の死の直後に病に倒れ、内村のあとを追うように亡くなる。塚本は追悼の辞を「嗚呼勇士は仆れたるかな」と題し、自分にとって藤井が、まさにダビデにとってのヨナタンのような存在だったことを告白する。（ダビデとダビデを亡き者にしようと付けねらうサウル王、その長子ヨナタンとの友情については『サムエル前書』一八章以下、結局父王と共に戦死したヨナタンを悼む

ダビデの悲歌『サムエル後書』一章一九節以下は、『イーリアス』の一場面を連想させる。文語訳「嗚呼《ああ》勇士《ますらを》は仆《たふ》れたるかな」と読まないと、その空気が伝わらない。——筆者贅言）

二人は激しくぶつかり合うこともあったようであるが、心のそこから信頼しあい、自分の弱さをさらけ出し、信仰の危機を互いの慰めと祈りによって乗り越え合った姿が、浮かび上がる。次にかかげるのは、関東大震災の年の十二月、藤井が塚本に送った書簡の一部である。塚本は震災で愛する半身を喪い、藤井に自分の信仰の危機を告白し、祈りによって支えてくれるようすがりつく。これに接した藤井は、全く同じように塚本にすがりついた思い出を記す。実は震災の前年、藤井は独立伝道の良き同労者であった妻を亡くしていたのである。藤井と塚本との間の活きた信頼の姿に胸を打たれる。。

……そのうち君からの手紙を受取つた。「空が澄んで凡てが秋らしい落付きを示し始めたに拘はらず、僕は益々混乱状態に陥りつつある。築き上げても築き上げても、信仰の砦は、丁度過般の地震によつて石垣が壊れし如くに、一たまりもなく崩壊してしまふ。感謝と信頼の絶頂に立つ僕は、次の瞬間には絶望と惑乱の淵にもがいて居る。何たる弱さぞや。ただ訳もなく涙が流れる。友よ、弱い僕のために祈つてくれ給へ云々。」

読み終わるまでに、熱い滴が僕の目ににじみ出た。忽ち僕は思ひ出した、去年の今頃、つづく祈のうちに一日を送りながら、晩秋の夜の闇しづかに武蔵野をつつみ、すべての音は絶え、空には無言の星の冷たくかがやくを仰いでは、背負ひ切れぬ十字架を投げ出すかのやうにして、ただ友の祈りの助けのみを切に求めたことを。その頃君に手紙を書いて「毎日自分の弱さをまざまざと見せつけられる。自分ひとりの祈ではとても支へられさうにない。……どうかただ祈つてくれたまへ、弱き者のために」……

（藤井武「震災に夫人を失ひし友へ」、塚本「弱い人」で引用、『著作集』続第四巻、四九三頁）

この寄り添い助け合う二人の霊には、さらに大きな力が支えとなっているのを感じざるを得ない。その秘密を塚本は次の二文で明かしてくれるのではあるまいか。

彼〔藤井武〕は友人間に於ける最も正しき、また信頼し得べき、真理の物指であり、また、彼の友人等は彼以上に純情の友、至誠の友、純真直截なる判断忠告を与えてくれる友を、他に求むることができないからであります。……

（「嗚呼勇士は仆れたるかな」『著作集』続第四巻、四八六頁）

私は未だ嘗て彼の如く真理と誠実と純一と生命と自由とを熱愛し、虚偽と不実と不純と死にたる形式とを熱憎したる人を見たことがありません。真実はまことに彼の生命でありました。その為には彼は如何なる犠牲をも高価すぎるとは思いませんでした。……而してこれ等凡てのものの本源は、勿論神に対する彼の無条件の信頼、絶対の真実さでありました。真にイエスの如く、「アーメンたる者、忠実なる証人」たらんことが彼の唯一最後の祈りでありました。……もしこれを侵すものあらんか、彼は誰とでも戦いました。親と戦い、子と戦い、妻と戦い、先生と戦い、友人と戦いました。……しかしながら、これはみな神への熱愛と、愛する者への熱愛との尊き実でありました。

（「嗚呼勇士は仆れたるかな」『著作集』続第四巻、四八八頁）

ここまで辿ってくると、塚本の「愛と信頼」の根底にある信仰が浮かび上がる。即ち、神が「愛と信頼」を二人の間に、注いで下さっていたのだという信仰である。そればかりではなく「愛と信頼」は、神とその一人子イエスとの関係が源泉であり、ここから湧き出た真清水が、イエスと弟子達、弟子達同士、親子兄弟、夫婦、さらに人と人との交わりまで潤して行くのである。塚本は、ここにキリスト教の真髄を見る。

『イエス伝』第五七講は、『マタイ』一一章二五―二七節（『ルカ』一〇章二一―二二節）「イエスの賛美――父子の秘密――」をめぐる論考であるが、特に学者達の間で、マタイ・マルコに相応しくないと議論される二七節を取り上げる。

知恵も力も、その他一切のものが父上からわたしに任せられた。父上のほかに、子であるわたしを知る者は一人もなく、また、子と、子が父上をあらわしてやる者とのほかに、父上を知る者は一人もない。

ここに、一見対立的とされるヨハネ福音書と共観福音書との「握手」を塚本は見出す。その帰結として、二五節のイエスの感謝の祈り（一応二七節と切り離される）

「天の主なるお父様、神の国の秘密に関するこれらのことをこの世の賢い人、知恵者に隠して、幼児のような人達にあらわされたことを賛美します……」

と呼応させて、以下のような議論を展開する。

キリスト教は飽くまでも弱者の福音である。キリスト自身が、徹頭徹尾かく教え、かく振る舞われた。彼は山上の説教の劈頭において、「心の貧しい者」「悲しむ者」が幸福者であることを教えられた。……彼の福音の饗宴には、常に肉体的に、経済的に、社会的に、道徳的に、信仰的に、貧しき者不具である者が群れ集うた。……

しかしイエスの福音の真理は、何故にかえって弱小者によって解されるのであろうか。この原理を説明するものが、ヨハネ一四章二一節である——

わたしを愛するものはわたしの父上に愛され、わたしもその人を愛して、自分を現すであろう。

彼らはその努力と精進によって、キリストを理解し、彼の福音を発見したのではない。ただ神の方から彼らに顕し給うたのである。すべてに貧しき彼らには、自らそれを発見する力がなかった。否、キリストの前に自分を放り出す以外全然無力であった。その故に彼らは、やむを得ず自分をキリストの前に投げ出したのである。然るに愛なるキリストは、これをもって彼に対する愛と解し、信頼と解して、彼らに福音の真理を示されたのである。ここにキリスト教の奥義がある。目を有《も》つ者は見よ！

……

そもそもキリストの真理は、父なる神が特に子なる彼に与え給うたものである。それは父と子との間における秘密――ただ愛と信頼に在る彼にのみ明かされた秘密であった。

……

しかし、この聖なる絶対の秘密は、イエスによってついに破られたのであった。愛と信頼それ自身であられる彼は、弱小者の群が彼に自分を投げかけたときに、彼らの愛と信頼とに抗することが出来ず、ついにその福音の秘密を彼らに打ち明けられたのである。彼の心は、愛と信頼との前に閉じていることが出来ないからである。

（『イエス伝研究』第五七講「イエスの賛美――父子の秘密」、『著作集』第三巻、二二五―二二七頁）

いささか長い引用になってしまったが、塚本の「信仰のみ」に光を当ててくれる重要な発言で、筆者のなまじの要約を許さぬ迫力がある。イエスによりすがる信仰の具体的なありかたを、解りやすく日常生活の場で実感させてくれるではないか。塚本は、パリサイ人をはじめユダヤ人たちが、イエスに神の子である徴《しるし》を、しきりに求めた出来事をとりあげ、徴を求めることは信仰の堕落であると断言し、次の結論を下す。

> ……神は信ずべき者である。人の子もまた信ずべき者である。然り、ただ信仰によってのみこれを知ることが出来る。何故であるか。
>
> 神は絶対最高でありすべてのものの本源であり給うが故に、天上天下何物をもってしても、彼を彼なりと証明することは出来ないからである。証拠は証明せらるべきものよりも高く大なることを必要とする。
>
> また神は愛であり給うからである。愛は信頼の関係である。愛なきところに信頼なく、信頼なきところに愛は無い。愛は信頼によってのみ知ることが出来る。従って愛なる神とその子キリストとは、ただ彼を愛し、彼に信頼することによってのみ知ることが出来る（『ヨハネ福音書』一四―二一、前出）。
>
> （『イエス伝研究』第九〇講「天からの徴」、『著作集』第四巻、六六―六七頁）

なお、塚本はこの講義に付記として、「信頼深い」に相当するギリシャ語pistos《ピストス》の語義について、簡潔に説明を加えながら、次のように述べている。

ギリシャ語のpistos《ピストス》に積極消極二つの意味がある。すなわち積極的に、信頼する、信仰深い、信者という意味にも、また消極的に、他から信頼され得る、信ずべき、忠実なる、という意味にも用いられる。……神はピストスであり給う。信じ、また信ぜられ給う。七倍を七十倍して赦せと教えられるキリストの父なる神は、無限の信頼に富み給う。

（『イエス伝研究』第九〇講「天からの徴」、「ピストス」、『著作集』第四巻、六八頁）

この神と神の子の愛と信頼が、塚本は、伝道に入るに先立ってイエスを試みたサタンによる「荒野の誘惑」に始まり、十字架上のイエスの最後の言葉に完結すると主張する。

荒野の誘惑はかくしてついに完全に神の子の勝利となった。三つの誘惑いずれも形を異にしたけれども、要は神への信頼を覆さんとするにあった。神と神の子との親しき愛と信頼の関係に水をささんとするにあった。しかしイエスは、ただ父への信頼の一点張りをもってこれと戦われた。そしてついに勝たれた。そしてこれが神の国建設への準備であった。否、神への絶対無条件の信頼を捧げられたときに、既に神の国の礎石は置かれたのであった。

神の国はただ信仰の上に、父なる神への信頼の上に、建設される。

（『イエス伝研究』第二二講、「神の国建設の方法」『著作集』第一巻、二一五頁）

ドイツの聖書学者ローマイヤーはこの句（エロイ　エロイ　ラマ　サバクタニ！　わたしの神様、わたしの神様、なぜ、わたしをお見捨てになりましたか！（『マルコ』一五・三四、『マタイ』二七・四六）を、「わたし達はこの句のもつ強烈さを少しも値切ってはならない。この言は神にも、また正しく神に、測り知り難く絶望されたことを言う」と説明しているが、わたしも彼と共に、これをそのまま絶望の声として受け入れる。イエスは十字架上において完全に神に見捨てられたのである。それは凱歌ではなく、絶望の叫びである。しかし絶望ではあるが、神への絶望ではない。「わたしの神様、わたしの神様」という呼び掛けがそのことを示す。むしろ神への絶対信頼である。泣き縋る彼を冷酷に突き放し給う無慈悲な神になおも縋りつく彼の姿は、父なる神に対する無限の愛と信頼の絶頂を示し、神を父と呼ばれた「神の子」の生涯はここに冠される。……かくてこそ神の子の死であり、そこに人類の希望があり慰めがある。

（『イエス伝研究』第二一八講付「エリ　エリ　レマ　サバクタニ」『著作集』第七巻、四五六頁）

《参考》「お見捨てになりましたか」は置きざりにする、見殺しにするの意。今まで両者の間に愛と信頼の親しい関係があったことを前提とする。

（『イエス伝研究』第二一八講、『著作集』第七巻、四四四頁）

この神と神の子イエスの「愛と信頼」は、イエスから弟子達に注がれ、弟子達はイエスに対して揺らぎながらも「愛と信頼」を実感するに至る。塚本はその情景を描き出す。以下の諸引用では「信頼」が主題となっているように見えるものがあるが、すべて先に引用した箇所の「愛なきところに信頼なく、信頼なきところに愛は無い」との言葉を念頭に置いて読む必要がある。

ペテロは昨晩夜通し網をおろしてみたが、一尾もとれなかった。しかし折角のお言葉だからとて、イエスの命令通り沖にこぎ出して網をおろした。いかに尊敬する先生とは言いながら、専門家の漁師がその専門のことでイエスの命令に従ったのはおかしい。ことにおかしいのはこの辺の漁は必ず夜やって昼はしないのに、素人のイエスの言葉に従って真昼間に漁をしたこと、これは何と説明すべきであろうか。……ペテロが「先生のお言葉だから」と言ってそれに従ったのは、イエスの言葉に拒みがたい権威があったのと、ペテロのイエスに対する信頼が絶対的であったから、と説明するはかあるまい。

（『イエス伝研究』第二四講、付「不思議な大漁」、『著作集』第一巻、二四六―四七頁）

次では、イエスが弟子達に感じる歯がゆさが浮かび上がる。

……弟子たちには、暴風の中にあって平然たるイエスが驚きであった。しかしイエスには、全能全愛の神の懐に在りながら、うろたえ騒ぐ弟子たちの心が判らなかった。それはイエスに取っては、何よりも明白なる、父なる神への不信頼であった。不信仰であった。……イエスが彼らの不信を責められたのは当然であった。もちろん信仰と恐怖とは別事であると言うことが出来る。しかし、弟子たちが、神のお許しなくしては一羽の雀も死ぬことがないと言う神の無限の愛と、無限の力とに対する深き信頼があるならば、弟子達の態度は全然異なるべきであったとわたしは思う。

（『イエス伝研究』第三二講、「暴風を静める」、『著作集』第三巻、六一―六二頁）

……嬰児はいかなる暴風においても、母の懐に安眠するではないか。もしこれが出来ぬくらいならば、どこに信仰があるか。どこに活ける神を信ずる者の特権があるか。

……彼（イエス）のは確信でなくして、信仰であった。生くるも死ぬるもすべて神に信頼されたのであった。しかして、イエスはかかる信頼を弟子たちに要求された。強き確信に非ずして、優しき信頼を要求された。

（『イエス伝研究』第三二講、「暴風を静める」、『著作集』第三巻、六二―六三頁）

イエスと生活を共にすることによって、弟子達との「愛と信頼」は真実なものとなっていったことは疑い得ない。それを悪用し、イエスを売ったのがイスカリオテのユダである。イエス捕縛の場面について、塚本は怒りをあらわにする。

……わたし達は愛と信頼との象徴《シンボル》である接吻を詐用した点から、どうしてもユダを弁護する勇気を有《も》たない。ダンテは彼を地獄のどん底に放り込んでいるが、わたし達はそれを少しも不当でないと思う。

（『イエス伝研究』第一九一講、「捕縛」、『著作集』第七巻、二一六頁）

接吻は尊敬と愛情との徴《しるし》である。純情の発露であり、またその保証である。然るに悪《にく》むべきユダはこれを詐用して、その愛する先生、その主を売るの手段に用いたのである。彼は先生の愛と信頼とを盗み、これに乗じてその欲心を満たさんとしたのである。

（『イエス伝研究』第一九一講、付「ヘタイレ　エプホ　パライ」、『著作集』第七巻、二二一頁）

さて、ここまで辿ってくると、神とイエスのもとに本来の真の「愛と信頼」があり、わたし達は自分の力や努力で身に付けることは不可能であり、ただイエスに、神によりすがる、言い換えるとただ祈る事によってのみ与えられる賜物である、との塚本の信仰が明らかになる。塚本は、「厚かましくパンを借りる友人の譬」（『ルカ福音書』一一・五―八）をめぐって、次のように説く。

……その示さんとする真理は、祈りは飽くまで厚顔無恥、また執拗でなければならぬ、自分のような者がと言って祈ることを止めてはならぬ、神は一度ならず二度三度わたし達の願を拒まれても、もし気を落とさずに祈り続けるならば、すなわち子が父の愛と力に絶対の信頼を置いて強請《せが》み求めるように神にねだるならば、必ずその願を叶え給うことを教える。……

しかしこの我武者羅に祈れということは、『マタイ』六章七―八にある、神は祈り求める前にわたし達に必要なものの何であるかをご承知だから、不信者のように言葉数多く無駄事を繰返して祈るなという教えと一見矛盾する。……

しかしこの二つとも神に対する絶対信頼から生まれ出る子供のような態度であって、その現れ方においてこそ相違はあるが、根本の精神には少しの違いもない。否、真の信頼と愛とは必ずこの二つの形をとるのであるから、いずれかただ一方である場合にはその信仰の健全さに懸念をもってもよい。ただ任せることを知って求めることを知らない信仰は死んでおり、求めることを知って任せることを知らない信仰は不信仰である。任せるが故に求め、求めるが故に任せる。求めてついに任せた時、神はその乞いを容れ給う。これが祈りの神秘境である。

（『イエス伝研究』ルカの旅行記 第七「夜中の友人の譬」、『著作集』第五巻、七二―七四頁）

何故このように断言できるのか、次の一文は塚本の答えである。

……義の神は強くして動かない。しかし愛の神は弱くして動く。愛なる神は人の愛――たといそれがいかに小さく不純であっても――その愛に負け給う。かれの愛が純であるだけ大きくあるだけ、彼は弱く、彼は負け給う。ここに祈りの秘密がある。祈りは神と人との相撲である。ここに神の人に対する愛と信頼が、人の神に対するそれと力を争う。そしてこの相撲においては、弱きが勝ち、強きが負ける。

（『イエス伝研究』第八七講、「カナンの女」下、『著作集』第四巻、三八頁）

こうした神の秘密を、『ルカ福音書』一八章一―八節「パリサイ人と税金取りの譬」でイエスが明かしていると、塚本は理解しているものと思われる。「自分を神の前にも人の前にも義しくあると信じる」パリサイ人に対し、

哀れなる税金取りは自分の大きな罪の棘にその心を刺し貫かれて、ただ胸を打って憐れみを乞うたのである。……

　要するにパリサイ人は自分の善業を誇り、税金取りはその悪業に泣いた。前者は自分に依り、後者はただ神に依った。前者には傲慢があり、後者には改悔があった。そして、ここにイエスが税金取りを義とし、パリサイ人を義とされない理由がある。

……

もちろん神はその律法を守り、泥坊、詐欺、姦淫せざらんことを欲し給う。しかし神がより欲し給うことは、人が彼の前に謙遜ならんことである。否、謙遜というような間の延びたものでなく、自分に絶望し、愛想を尽かし、万策尽きて神の前に自分を放りだすこと、そのことが神の最も喜び給うところである。

（『イエス伝研究』「ルカの旅行記」第四十五―四十六、「パリサイ人と税金取りの譬」、『著作集』第五巻、三四四―四五頁）

〔参照〕「義とされて」とは、言葉通りに罪を赦され、罪無しとされて、の意味である。（同三四四頁）

この神の秘密に、次の一文は光を当ててくれる。

イエスの福音は、もし我らに子供の如き単純なる信頼の心があるならば、我らがいかに罪のために腐れ果てていても、足腰の立たぬ者であっても、否、そんな者であればあるだけ、……キリストはこれを救われるのである。……

（『イエス伝研究』第二八講、「百卒長の下男をなおす」、『著作集』第三巻、二六頁）

くどくどと引用を重ねたが、塚本の根本の信仰――罪人がひたすら神の前に身を投げ出し、よりすがるとき、愛なる神は、その罪人の心に愛と信頼を認めると同時に、神とキリストの愛と信頼を注いで真実のものとして下さる、さらに、こうした体験があって初めて、イエスの、そしてキリスト教の最高、究極の教えを私達の血肉としていただける、という信仰が、明かされるのではあるまいか。

山上の説教は十字架の蔭で読まなければ解《わか》らない。山上の説教の頂上は七章一二節「何事によらず自分にしてもらいたいと思うことを、あなた達もそのように人にしなさい」であるが、「自分にしてもらいたいこと」とは「人が自分自身を愛するようにわたしを愛してもらいたい」ということである。「愛」の一言につきる。この愛する力は十字架にすがってキリストからいただくより他に道がない。隣り人を愛せよといっても人間に生存欲のある限り出来ない。キリストを信ずることによりわたし達が天の父上の子であることが解ると、わたし達は初めてこの世の生存欲に死に、代って神の国の生存欲が生まれてくる。かくしてわたし達に愛が生まれるのである。

（『イエス伝研究』「山上の説教」第二話　概説、『著作集』第二巻、一五頁）

……イエスの教えが単に「隣人」の定義を変え、隣人愛を敵人愛にまで広めただけであるとするならば、それは大なる誤りである。隣人を愛する愛と敵を愛する愛とはその愛の本質を異にするからである。前者は地から出た人間の本能たる phileo の愛であり、後者はキリストによって齎された天よりの愛であり（『第一ヨハネ』四・九―一〇）、神の子の本能の――従って人間の本能に反する愛であるからである。そしてそれは実行可能である。キリストはそれをなされた（『ルカ』二三・三四）。わたし達にもそれが出来るはずである（『ヨハネ』一四・一二）。

（『イエス伝研究』「山上の説教注解」第九「敵を愛せよ」、二三―三四、『著作集』第二巻、一三九頁）

他人を赦すことは難事中の難事であることはもちろんであるが、しかし他人に怒りを含んでいながら神の前に出て自分の罪の赦免を祈ることの出来るわけがなく、また祈ってもそんな祈りが聴かれるわけもない。怒りを含む人と神との間は絶縁状態であるからである（『マタイ』五・二三―二四、一八・二三以下、『マルコ』一一・二五）。この故に神はこの極めて困難なる条件を課して、まずわたし達と兄弟たちとの間に愛の関係を回復せしめ給うのである。わたし達はここに神の大いなる愛と深き心遣いを見る。……わたし達は神の愛を知って人を愛することを学び、人を愛することを学んでますます神の愛の深さを知り、かくてまたより深く人を愛することが出来るのである。

（『イエス伝研究』山上の説教注解　第一一「主の祈り」、『著作集』第二巻、一七八―七九頁）

罪の問題の解決なしにわたし達は神との間に何らの交渉を有《も》ち得ない。そして罪の赦しを神に乞うがためにはわたし達自身が他人の罪を赦さねばならず、また他人の罪を赦すことはわたし達に出来るわけが無く、たとい出来てもそれはただ他人に対して有っておった怒り、怨恨を抑止し取り去るというだけのことであって、既に怒った、また恨んだ自分の罪は消えない。従ってその罪の赦しをもわたし達は神に祈り求めなければならない。しかも他人に対する怒りを抑止し忘却すること自身が既に祈りなしには出来ない。要するにすべてが神に出て神に帰するのである。かくしてまでわたし達との間に愛と信頼の関係を続けしめ給う神の愛の、何と大きなことであろう！

（『イエス伝研究』山上の説教注解　第一一「主の祈り」、『著作集』第二巻、一七九頁）

繰り返すと、神は人間に対する愛と信頼に満ちている、しかし自分の力に頼る人間はそれに気づかない。しかし、頭をぶつけ自分の無力を思い知った人間、自分の傲慢の罪の重さに打ちひしがれた人間が、神によりすがる他ないところまで追いつめられ、イエスの前に、神の前に身を投げ出した時、神は、子供が無心に親にすがりつくのと同じ信頼の心に動かされ、その人間に愛と信頼を注ぎ、その人間も神の愛と信頼に目覚めるのである。神からの働きかけがあるにせよ、人間が身を投げ出すと同時に世界が変わるこの精妙な奇跡を塚本は手を変え品を変え伝えようと試みている、と断言してよいであろう。次のいくつかの引用はクリスチャンを自認する人も、自分のこととして受け止めねばならない。

……今や日本人の心は眠っている。真っ暗になっている。それでいくら聖書を読んでも解るわけがない。……何故わからないか。詩篇一八篇二五―二六節がこれを説明する。エホバは憐れみある者には、憐れみ深くなり、ひねくれた者にはひねくれ給う、とある。聖書が解らないのは、我々が神に捧ぐべき愛と信頼を捧げぬからである。神を忘れて、神を愛せず信頼せず、頭で神を理解してやろうなどと思うから、神の方でも、我等に心を閉じ給うのである。聖書は一冊の本であるという。なるほど本である。しかし本であって本ではない。これは神が預言者その他の選び給うた人を通じて我等に御心を語り給うものである。神の御心も、また人の心も、愛と信頼との鍵をもってせねば開かない。……

神に、またキリストに、絶対の愛と信頼を捧げること、これ以外に聖書を解る方法はない。

（「聖書の理解Ｉ」『著作集』続第七巻、一六九―七一頁）

……神を信じてその誡命を守る時、然り、その時にのみほんとうに聖書研究の興味がわいて来ると思う。

なお注意するが、神を愛し、その誡命を守るというのは深い意味である。神の要求し給うだけの愛と信頼を捧げることである。神を愛する道は唯一つ。心を尽くし精神を尽くして父なる神を愛する事である。……社会改良、慈善事業の意ではない。神の要求し給う絶対的の信頼を捧げることである。

（「聖書の理解Ⅰ」『著作集』続第七巻、一七二頁）

……祈りは人間が考え出したものでなければならぬ。祈りは愛と信頼との発現であるからである。愛と信頼とは、人間の捧げ得る最高最善なるものであり、神が我々に求め給う最初のものであり、また最後のものであるけれども、かく最高最善のものであるが故に、神はこれを人に強要し給わない。これは人の心の最も自然なる発露として流れ出るときに、始めてその価値があるものであり、もしこれを強うるときには、それは空なる形式となり、死物と化するからである。……

（「祈り」『著作集』続第七巻、三三四頁）

塚本は日常の生活の中でも常に愛と信頼に満たされていることに感謝する。中でも『聖書知識』誌の読者諸氏に対するメッセージは、喜びと感謝に満ちている。

さすがの私も神にはかなわず、とうとうこのクリスマスまでに改訳聖書の一部を出すことに決心がついた。……前に読者諸君の改訳にたいする理解と協力に感じて、本欄に「読者との共訳」と題して感謝の心を述べたことがあったが、今度また諸君の主にある愛と信頼に、まったく圧倒された。これは私にとり、改訳以上の大なる収穫である。私こそ今年は最大のクリスマス・プレゼントを貰ったようである。

（『聖書知識』巻頭言一九五三年十二月『著作集』続第五巻、二〇三―四頁）

口語訳聖書予約解除のことを読者諸君には前号の広告をもって、読者でない諸君にはこれと同文の葉書をもって通知したところ、もう大分返事が来た。……解約の申し出はまだ十数人であるが（予約者総数約五〇〇〇人）、いずれも好意に満ちたものであり、みな残念ながらと書いてあった。本人が死んだからというのが三つもあって、申し訳ないと思った。その他の者は、どんなにおそくなってもよいから解約しないというのである。同情や慰藉や奨励の言葉がこまごまと書いてあって、深く感動した。どれにも、決して急がないから、健康に注意してゆっくりやるようにとあった。……神は友人の信頼と愛とをもって、私の力にあまるこの仕事を完成おさせになるお積りらしい。

（「私の杯はあふれる」一九六〇年三月『著作集』続第五巻、四一一―一二頁）

ところで、塚本は『聖書知識』毎号の裏表紙に『断片録』を載せている。寸鉄人を刺すというが、塚本の断片は、鋭い真実に、暖かみとユーモアがこもった味わい深いもので、手元にこの雑誌が届くと先ず断片録を読む、と申される読者が多数いたことが伝わっている。その中から、塚本が日常生活の中で愛と信頼について日頃から常に目を覚ましていたことが知られる断片を次に並べてみたい。断るまでもなく、ここでも「愛なきところに信頼なく、信頼なきところに愛は無い」という言葉を胸に置いて読まねばならない。

人を信じ通すということほど偉いことはない。その人がその信頼に値しない場合において殊にそうである。

（『断片録』一九三五年九月『著作集』続第六巻、六九頁）

ある人と交わったため、今まで信じていた人に対する信頼を少しでも動かされたら、その人との交際に注意しなくてはいけない。そんな人には悪魔の霊が働いている危険がある。

（『断片録』一九三六年一月『著作集』続第六巻、八六頁）

「先生はサタンの存在を信じられますか」「信ずるどころか、毎日見ているよ」「ではサタンはどんな風をしていますか」「いかにも立派な人間の顔をしている」「どうしてサタンだとわかりますか」「その人と付き合うと今まで人に対して持っていた美しい信頼をすっかり壊されてしまうような人」

（『断片録』一九三六年十月『著作集』続第六巻、九二頁）

尊いものであればあるだけ、自由でなければならぬ。たとい自分の子供でも愛や信頼を強いてはいけない。西洋の諺にCorruptio optimi pessima（腐敗したる最善は最悪なり）という。

（『断片録』一九三八年一月『著作集』続第六巻、一一一頁）

伝道生涯で一番辛くて難しいのは、どんなに騙され裏切られても、人間に対して赤ん坊のような信頼を持ち続けること。

（『断片録』一九三九年十月『著作集』続第六巻、一三二頁）

不思議なことであるが、誰からでも一度だけは、生涯忘れることの出来ない美しい心のひらめきを見せてもらえるものである。これを見たら、その後どんなことがあってもその人に対する信頼と希望を棄ててはならぬ。

（『断片録』一九四二年十月『著作集』続第六巻、一六七頁）

「信仰をひと言で説明して下さい」「神の愛を信頼して待っていること」

（『断片録』1一九五〇年一月『著作集』続第六巻、二四六頁）

ある人の言動によって自分の信頼する人に対する信頼が揺らぎそうになった時には、そのある人との関係を絶つのが最も賢明な策である。

（『断片録』一九五〇年四月『著作集』続第六巻、二四八頁）

ちかごろ　めずらしく　ひとを　うたがってみた　ところ　じぶんの　せいかつ　ぜんたい
が　こんらんして　しまった。　よのなかが　くらく　なり、　みうごきが　できなく　な
った。　やはり　かみが　つくった　せかいは　しんらいの　せかいだと　いまさらのよう
に　かんじた。

（『断片録』一九五七年八月『著作集』続第六巻、三三七頁）

以上、塚本の伝える「愛と信頼」を、力の及ぶ限り浮彫りにしてみた。そしてここまで辿ってきたとき、一見関連がなさそうでありながら思い浮かぶことを、最後に記しておきたい。それは、塚本（そして道正）の聖書講義の中で忘れられない一講で、イエスの父ヨセフについてのものである（『イエス伝研究』第十三講「イエスの父ヨセフ」『著作集』第一巻一一八―一二四頁）。新約聖書の中に表れるヨセフに関する「極めて貧少な資料」（十四ケ所）から塚本は、「十分にヨセフの為人《ひととなり》を知ることが能《で》きる」という。詳細な考証は割愛し、結論だけを紹介する――ヨセフはダビデ王の子孫であったが、ガリラヤのナザレの町で大工として、貧しい中で家族を養い、モーセの律法を真面目に実践する理想的なユダヤ人であった。彼が婚約中の大事件にあってとった態度から、彼が「高潔なる道徳家」（律法の命令に苦しむ）であり、「愛情豊かな人」（マリヤ

への心からのあわれみ深い配慮）であり、「深き信仰の人」（マリヤのことを始め、その後幼子の危機にさいして、主の使いの声に躊躇無く従う）であったことが示される。「……これを神の声と信じて、すべて人間的の顧慮を棄て、すべてを神の御心に託して、その全生涯の大事を決したる所に、信仰的勇者としての彼の面影を見る。」

さらに塚本はいわば資料の行間を読み、「かくして、彼はまた善き夫であり、善き父であったであろう。彼が善き夫でありしことにつきては、何らの参考とすべき資料が無い。ただ何となくかくありしであろうとの感を深くするに過ぎない。しかし、彼が善き父でありしことについては、間接ながら、これを推知することが出来る」という。以下はまさに塚本（そして道正）の独壇場である。

すなわちイエスが

> あなた達のうちには、自分の子がパンを求めるのに、石をやる者があるだろうか。また魚を求めるのに、蛇をやる者があるだろうか（『マタイ』七・九―一一、『ルカ』一一・一一―一三）

と言われしことである。このことは、彼の父ヨセフが善き父でありし証拠でなくて何であろう。否、彼が神を父と呼ばれしことが、何よりも明瞭に父ヨセフの如何なる人でありしかを示すものである。彼は神を地上のものをもって翻訳するに、父をもってするが最適であると考えられた。その事は取りもなおさず、父ヨセフが、地上の何者よりも、天の父なる神の義と愛と信とを最も善く表徴せるものとして、イエスの眼に映じたるものでなくして何であろう。ヨセフの義と愛と信とは、彼をして神を「父」と呼ばしめた。

（『著作集』第一巻、一二三頁）

ここに紹介した「イエスの父ヨセフ」を読み返すたびに、私は塚本の（そして道正の）「愛と信頼」を想い起すのである。神と我々人間のあるべき真の関係、信仰そして愛（アガペー）を「地上のものをもって翻訳すると」、まさに、「いかなる暴風においても、母の懐に安眠する嬰児」に見られる無心の幼児と親の間の「愛と信頼」の姿こそ相応しいとの啓示を、塚本（そして道正）は直観したのではあるまいか。

むすびにかえて

本節初めにあげた増田信彦さんご夫妻を囲んでの会食の折、宿題にぶつかってから、ほとんど三年近くがたってしまいました。以上で少しその宿題を果たせたかと自負しております。ここでひとまず、春風学寮と寮の精神「愛と信頼」についてのお話を感謝をこめて、閉じることにします。これを読まれる方がどのような感想を持たれるか分かりません。が、私としては、改めて目から鱗が落ちるような経験をし、塚本先生、道正のおじさま、おばさま、先輩、同期、後輩の寮友と再会できたというのが実感です。と同時に、また山のような宿題が残っていることに気がつきます。キリスト教といえば「愛の宗教」とレッテルが貼られ、愛について（そして同時に「信仰」ついて）は汗牛充棟の書物があります。しかし不勉強のせいもありますが、ここで扱ってきたような「愛なきところに信頼なく、信頼なきところに愛は無い」とまでいわれる「信頼」についての考察はあまり思い浮かびません。塚本先生の「愛と信頼」が内村鑑三に感応され、深められたということは間違いないように思います。「愛」については次の一節が内村の立場を十分に伝えてくれるでしょう。

　聖書が愛の書であることは余りに多く説かるることでありまするから、私は茲《ここ》に長く述べません……但茲に聖書を一貫する愛は如何なる愛であるか、其の事に就いて一言して置かなければなりません。
　聖書の示す愛は世の人の謂ふ愛ではありません。即ち人が人に対して有つ愛ではありません、又人が神に対して有つ愛でもありません。聖書の示す愛は神が人に有ち給ふ愛であります。

（「三条の金線」『内村鑑三全集』第十一巻、一三八―三九頁）

一方「信頼」の用法として、次の二節をあげて見ます。

……悪人は既に掃攘せられ、地は乾き、全地は既にかれの専有物に帰せしと雖《いえど》も彼（ノア）は自ら進んで之を彼が有となすが如きを為さざりし、彼は尚ほ慎んで彼の家族とともこ方舟《はこぶね》の中に在りて神の命を待てり、此の信頼の心ありたればこそ彼は撰ばれて新社会の創設者とは定められたるなれば。

（「創世記第一章―第八章」『内村鑑三全集』第八巻、四二六頁）

全能の主権者は世々我らの棲家なりしと云ふ、神の犯すべからざる神聖を唱ふると同時に彼の愛すべく亦（また）親しむべきなるを忘れず、詩人はここに神を怖れて彼より遁《のが》れんとするに非ず、神の親しむべきを知るが故に彼に罪の赦免を乞ふて彼の懐《ふところ》に帰らんと欲するなり、神の神聖を歌ふに最《いと》も厳《おごそか》なる此の詩は其の発端に於いて既に此信頼の語を漏らせり……

（「聖詩訳解、モーゼの祈祷」〔『詩篇』九〇〕『内村鑑三全集』第十一巻、一八〇頁）

「愛と信頼」をめぐり、明らかに内村―塚本の流れを読みとることができるのではないでしょうか。では、内村鑑三はどこでこの「信頼」をキーワードとして育《はぐく》んだのか。それは『旧・新約聖書』を繰り返し、繰り返し繙き、祈るうちに培われ、育てられ、熟していったのではないかと推測されます。とすると、『聖書』にその源を探らねばなりません。

ところが文語訳に「信頼」は私の散漫な読み方のせいかもしれませんが、ほとんど見かけません。新共同訳ではかなり登場する印象があります。『旧約聖書』からいくつか例をあげ、ついでに他の訳と比較してみます。（内村が用いた文語訳聖書とは異なるはずであるがここでの論旨には影響がない。）

主に信頼して、よろめいたことはありません。（『詩篇』二六・一、新共同訳）

【文語訳】我たゆたはずエホバに依頼《よりたの》めり

【岩波訳】ヤハウェに拠《よ》り頼み　よろけませんでしたから。

【関根訳】……よろめくことなく　ヤハウェに信頼しました。

神に逆らう者は悩みが多く　主に信頼する者は慈しみに囲まれる。（『詩編』三二・一〇、新共同訳）

【文語訳】悪者《あしきもの》はかなしみ多《おほ》かれどエホバに依頼《よりたの》むものは憐憫《あはれみ》にて囲まれん

【岩波訳】多くの苦痛が不法者にあるが　ヤハウェに拠り頼む者は恵みが囲む。

【関根訳】悪しき者は悩みが多いが　ヤハウェに依り頼む者は恵みが彼らを囲む。

主に信頼し、善を行え（『詩篇』三七・三、新共同訳）

【文語訳】エホバによりたのみて善をおこなへ

【岩波訳】ヤハウェに拠り頼んで善を行え

【関根訳】ヤハウェに信頼して善を行え

安らかに信頼していることにこそ力がある。（『イザヤ書』三〇・一五）

【文語訳】平穏（おだやか）にして依頼（よりたの）まば力を得べし

【岩波訳】静けさと信頼において、お前たちの力は甦る

【関根訳】動くことなく依り頼めば力を得る

……その身に何の害も受けていなかった。神を信頼していたからである。

（『ダニエル書』六・二四）

【文語訳】……是（こ）は彼おのれの神を頼みたるによりてなり

【岩波訳】彼がその神を信頼したからである。

【関根訳】彼がその神により頼んだからである。

これらはいずれもヘブライ語 batach（バータック　慕って離れない、信頼する）にあてられた日本語です。

次に『新約聖書』での例を挙げてみます。

わたしは自分が信頼している方《かた》を知っており、わたしにゆだねられているものを、その方がかの日まで守ることがおできになると確信しているからです。

（『テモテへの手紙Ⅱ』一・一二　新共同訳）

【文語訳】我わが依頼《よりたの》む者を知り、且わが委ねたる者を、かの日に至るまで守り得給ふことを確信すればなり。

【塚本訳】わたしはだれに信じ頼っているかを知っており、またそのお方はわたしに託されたものを、最後の裁きのその日まで守る力を持っておられることを、確信しているからである。

教えに適う信頼すべき言葉をしっかり護る人でなければなりません。

（『テトスへの手紙』一・九　新共同訳）

【文語訳】教えに適ふ信ずべき言葉を守る者たるべし。

【塚本訳】キリストの体なる集会の教えに沿った信頼できる御言葉の宣教を、いつも心がけておらねばならない。

書き記せ。これらの言葉は信頼でき、また真実である。（『ヨハネの黙示録』二一・五）

【文語訳】書き記せ、これらの言《ことば》は信ずべきなり、真《まこと》なり。

【塚本訳】書け、この言《ことば》は信ずべくまた真実であるから。

以上はギリシア語 pisteuo（信じる）、pistos（信ずべき、忠実な）の日本語訳の例です。

さて、私が残された宿題というのは、一つは今一寸試み始めたように旧・新約聖書を通じて「信頼」を含意する語句を収集し「アガペー」にあたる「愛」との結びつきを文献学的に探る作業であり、一つはこうした作業を通じて内村―塚本の真髄に果たして接近できるか実験することです。これはわくわくする課題ですが、どこまでたどりつけるかは全く不明です。むしろ次世代の志ある方に託す他ないかもしれません。それはとにかく、肝心な目的は「愛と信頼」に生命を吹き込むことにあることを胸に刻みつけて本章を閉じることにします。

Ⅲ　追憶――おじさまと生命《いのち》の泉

あるすすめ

春風学寮に十年間お世話になり牢名主の綽名まで頂戴した私を、在寮中は勿論、今なお悩ませつづける道正のおじ様のおことばが、いくつもある。中でも、キリスト教の信仰と、政治・社会問題とは切り離すべきである、とのおすすめは最も重く私にのしかかってくる。これは塚本虎二先生も口を酸っぱくして繰り返されたことばであり、逆にこの立場故に塚本先生は無教会派の或る友人達から今なお非難を蒙っておられる。旧き春風学寮を送り、新しき春風学寮を迎えるこの機会に、私はこの問題について私なりに感じていることを記して、塚本先生と道正おじ様の心にせまる努力を試みたい。

人間生活は政治・経済・社会体制によって大きく決定されており、政治・社会体制を民衆の力で良きものに変えることによって人間の幸福は向上させることができる。民衆は知恵と力を結集し、権力者を抑制、あるいは現体制を打破してゆかねばならない。否、ゆくべきである。こうした考えの上に立って学生運動、政治運動、平和運動はすすめられている。これは極めて説得力のある考えである。特に社会科学の発達によって、この考え方は強力な基礎づけを獲得してきたことは確かである。これに反対する者、もしくはこれを無視する立場となると、「資本家の手先」「プチブルの日和見主義」「虐げられた民衆の苦しみに眼をつぶる裏切り者」などの非難を浴びせられることは必至である。ところが塚本、道正のお二人は少なくとも、こうした考え方及び運動ときっぱり袂を分かつことを勧められ、「信仰のみ」のキリスト教を説かれたのである。だが何だかお二人のすすめは一方的で、むしろ、二つの立場は決して矛盾するわけではなく、握手、両立させることができるのではないか、との疑問がわいてくるのは否定できない。かといって、これに対して言下に机をたたいて、「決して然らず」とお答えになるおじ様の姿が想像されてしかたがない。では私は一体どうしたらよいのか。……

　実は、私はここで、イエスの荒野の誘惑をとりあげて、イエスが政治問題を斥け、人間一人一人の救いを目指されたこと、イエスによれば、放蕩息子の話に見られるような父の愛による放蕩息子と父の和解、父なる神は悔い改めた「御免なさい」の一言を待っておられること、それはイエスにしがみつくより他にないこと、結局一人一人の砕けた魂がなければ、家庭も組織も社会も砂上の楼閣にすぎないことを論じる予定であった。ところが、この議論は単に私の頭《マインド》で考えられたこと、私の胸《ハート》から出たものではないのではないか、との蔭の声が聞こえてきた。塚本先生が白髪の美しい頭をさし、「私は、七十五のこの年になってやっと、マインドではなくハートから話が少しできるようになりましたですね。」と胸に手をあてておっしゃったそのお言葉が、今でも胸から離れないのである。ここに至って私は、道正のおじ様愛唱のパウロの一句を引用する他は道を閉ざされたのを感じる。

なんとわたしはみじめな人間だろう！　だれがこの死の体からわたしを救い出してくれるのだろうか。――神様、感謝します、わたしたちの主イエス・キリストによって！

（『ローマ人へ』七・二四―二五）

そして私は、再び道正のおじ様の十八番《おはこ》で、この腰折れの拙文を結ぶ他ないのである。

たとひ我もろもろの国人のことばおよび御使のことばを語るとも、愛なくば鳴る鐘や響く鐃鉢《にょうばち》の如し。たとひわれ預言する能力あり、又すべての奥義と凡ての知識とに達し、また山を移すほどの大なる信仰ありとも、愛なくば数ふるに足らず。たとひ我わが財産をことごとく施し、又わが体を焼かるる為にわたすとも、愛なくば我に益なし。愛は寛容にして慈悲あり。愛は妬まず、愛は誇らず、驕《たかぶ》らず、非礼を行はず、己の利を求めず、憤はらず、人の悪を念はず、不義を喜ばずして、真理《まこと》の喜ぶところを喜び、凡そ事忍び、おほよそ事信じ、おほよそ事望み、おほよそ事耐ふるなり。愛は長久《いつ》までも絶ゆることなし。

（『コリント前書』一三・一―八）

実は、これが旧き春風学寮の遺言ではないか、と私は思う。

（春風学寮『はるかぜのたより』一九八三年所収）

Non scholae sed vitae discimus

一

学生生活の十年間、文字通り青春時代を、道正安治郎氏を寮父（私達は道正のおじ様と呼ぶ習わしである）とする春風学寮で過ごした者として、塚本・道正コンビについて考えてみたい。お二人を蔭から支えられたご家族は措くとして、春風学寮は塚本なかりせば続き得ず、塚本先生の伝道は道正なかりせば続き得なかったといっても過言ではないと思う。お二人とも申し開きをされない生涯、過去を語らない生涯を送られたが、一度だけ道正のおじ様が打ち明けられたことがある。太平洋戦争中、丸の内集会で非国民、売国奴的言辞があった時は即刻自分を逮捕するよう道正のおじ様が憲兵隊にかけあい、憲兵を自分の周りに立たせて集会を続けた、また塚本先生はローマ没落を啓示するヨハネ黙示録のように巧みに言葉を選んで話をされたというのである。一方『塚本虎二著作集』を読み直してみると、塚本先生の聖書解釈が道正のおじ様を通じて、春風学寮の血となり肉となっていたことに眼の洗われる思いがするのである。

二

学生時代の青年にとって最も大きな関心事の一つは社会問題、政治問題であろう。ところが

Non scholae, sed vitae discimus.

矢方忠道君のために
1962.7.5.
箱根にて
塚本虎二

道正のおじ様は頑ななまでにこの問題を寮に持ち込むことを拒否された。そしてこの点では塚本先生と軌を一にされていた。しかもこれほど大きな「躓きの石」はない。しかしこれがキリスト教の要石であることを、荒野の第二の誘惑（ルカ）によって示して下さったのは道正のおじ様である。そしてそれが塚本先生の「キリスト教と地上王国」（『著作集』第一巻、第二十講）と一致していることを後日発見した。「空理空論ならばとにかく、本当に人間を愛し神の喜び給うようにこの世を改造」する為の政治という考え方との決別は、政治家志望だった塚本先生（そして道正のおじ様も政治家志望であった）の一番苦悶された所であろう。これを読むと「信仰のみ」に行き着くまでの先生の血の騒ぎが聞こえてくる。

……彼はついに思い切ってサタンに手を延ばそうとした！　しかしこの瞬間に申命記六章一三―一四節の

主なる汝の神を拝せよ、ただ彼にのみ事えよなる句が彼に輝いた。彼は悪夢より覚めた。今やすべてが再び太陽の如くに明白となった。のみである。神にのみである。絶対の信頼と服従とのみが父なる神に応《ふさ》わしい。のみならぬいかなるものも皆神への反逆である。彼は危機まさに一髪であった自分を思って戦慄された。……（『著作集』第一巻、二〇〇頁）

しかしこの戦いはイエスにとりて血みどろな戦いであったばかりでなく、その弟子たちに取りてもまた、最大の戦いであった。多くの弟子はこの問題の故に彼に躓き倒れたのであった。（『著作集』第一巻、二〇二頁）

サタンの誘惑と対決するイエスにこれほど生々しく自分の身を投影することを非難するのは簡単であろう。が、聖書の一字一句について丹念に学者達の解釈を比較検討しながら淡々と講義を続けられた先生のかげにあったこの「血みどろな戦い」によってこの箇所は私達にとって生きたものとなったのである。

塚本・道正コンビによって春風学寮で体験した聖書の教えの一例として、「毒麦の譬」も忘れることができない。塚本先生は、麦の中にまざって生えてきた毒麦を刈り入れまで育つままにしておく理由として、「これは毒麦が麦に酷似せるため毒麦と間違えて麦を抜き取ることを恐れしものではないであろう。……むしろ、両者の根が絡み合えるため、毒麦を抜かんとして、誤って同時に、麦の根まで一しょに引き抜く虞《おそれ》があるからであろう。」（『著作集』第三巻、五〇八頁）との解釈を示されている。ところでまさにこの譬によって道正のおじ様が春風学寮を導かれていることに気付かされたのである。春風学寮といえば丸の内の集会では品行方正、清純無垢な学生の集まった理想的な寮というイメージが植えつけられていたのではないかと危惧している。少なくとも現実は天井も床も抜けそうな生命力と愉快に満ちていると同時に、年頃の男子学生である限り必ず陥る誘惑、悩み、問題にとり囲まれていたことは確かである。「こんな寮はいつだって閉鎖してかまわない」、「パンを水に投げるつもりでなければこんな寮はやっていけるものではない」と、道正のおじ様を何回嘆かせたことであろう。実際、或る事件の時はついに閉寮まで真剣に考えられた。しかし丁度その時日曜集会は「毒麦の譬」にさしかかっていた。道正のおじ様は血を吐かんばかりにして、塚本先生の右の解釈を示され、さらに根が絡み合っているとは親・兄弟・友人たちがつながりあっていること、決して自分には毒麦を抜く資格のないこと、自分が罪人の頭であることを訴えられた。この譬なくしては一日も私達は生きて行くことのできないことを学んだのであった。

　このように春風学寮では、塚本・道正お二人の共同作業によって、聖書の教えが実験されていたということができる。しかもお二人の呼吸はピタリと合い、聖書の一字一句が躍動していたのである。ではその秘密は何だったのであろうか。誤解を恐れずにいえば、お二人とも聖書の一字一句に躓かれたからではないか、と私は考える。もし塚本聖書解釈学というものがあるとすれば、その要諦は次の一句に象徴されるのではあるまいか。

> 信仰の人とは、躓かず、失敗せざる人の謂《いい》ではない。躓きながらも、失敗しながらも、再び神に還り来る人の謂《いい》である。失錯《しくじり》は人の常である（Errare est humanum）。失錯は問題ではない――失錯は完成への王道である――再び感謝と讃美とをもって神に復帰するか否かがクリスチャンの問題である。（『著作集』第一巻、六二―六三頁）

昭和三十四年頃であったろうか、塚本先生が丸の内集会で、「この年になって、はじめて頭――マインド――ではなくて、胸――ハート――から聖書の話ができるような気がします」とマインドといいながらあの銀髪をさし、ハートといいながら胸に手をあてられた姿が脳裏に焼きついている。

三

いささか勝手な思い出話と感想を書き連ねてしまった。これでは編集者の意図には添わぬ恐れがある。編集者からの命令は、私の専門――哲学的問題に関わるものでもとのことだったのである。だがパウロは、

> 注意せよ、哲学、すなわち虚しい欺瞞をもって君達を奪い去る者があるかも知れない。

（『コロサイ人へ』二・八）

と警告を発しており、無教会の人々の哲学・神学に対する警戒心は強く、またそれだけの根拠がある。しかも親の因果か、キリスト教以前のギリシア哲学を研究している。（但し、塚本先生は、「やるとすれば哲学をやりたい」、「選ぶとすればプラトンを選ぶだろう」とおっしゃったことがある。）ここで心配なのは、異質のギリシア哲学を我田引水的にキリスト教に結びつけたり、逆にキリスト教をギリシア哲学のフィルターを通じて理解することにならないか、ということである。しかし目下模索している所を紹介し、吟味検討に供することにする。

第二次世界大戦後、英米で発達した分析哲学の一つの傾向として、形而上学的な哲学体系の構築に対し徹底的な分析を加え、「語ることが不可能なことについては沈黙を守る」（ヴィトゲンシュタイン）という態度がある。これはもともと自然科学の命題以外、価値・人生の意味・宗教の問題は無意味なものとして消し去ろうとする姿勢なのであるが、ある意味では私達にとっても好ましいものではないかと私は考えている。

西欧世界でキリスト教とギリシア哲学の交渉の結果生まれた姿勢は大まかにいえば、キリスト教が真理であることを示す為の、ギリシア哲学による教義の整備、論証、体系化の努力であった。それはプラトン乃至新プラトン派の哲学を利用した場合も、アリストテレスの哲学が再発見された場合も同様である。そしてこの伝統の故に逆に、プラトン・アリストテレスの研究に於いても、彼等は哲学体系を構築しようとした哲学者であるという視点が支配的であった。（勿論この立場が誤っているというのではない。特に人間をとりまくすべての現象についてその原因根拠と説明を探求したアリストテレスを体系哲学者として捉えるのは自然である。）これに対し、右にあげた分析哲学の刺激によって、プラトン・アリストテレスへの接近の姿勢にも変化が現れたのである。つまりプラトン・アリストテレスの哲学の真髄は、体系の構築ではなく、むしろ議論を通じての真理の確認と了解を目指す精神の運動ともいうべき所にある、とする観点の登場である。今この観点に立って、プラトンの『パイドン』（99d―107b）で語られた「第二の航海」と呼ばれる哲学の道を紹介してみよう。その手続きの要点は――自分が最も強力と判断する言説を措定し、これと「調和する」事柄は真、しない事柄は真ではないと定める。その措定した言説、基礎（ヒュポ）定立（テシス）について拘泥する者がいてもまず、基礎定立から導かれる事柄同志の調和・不調和を調べる。いよいよ基礎定立自身について説明せねばならぬ時は、上位の基礎定立の中で最善と思われる別の基礎定立を措定し同様に進み、或る充分な所に至る――とされている。これがどのような論理的手続きなのか学者の間で議論が白熱しているが、ここから科学理論探求の手続きを読みとる解釈は有力である。素朴な表現とはいえ科学法則の発見展開の筋道を言い当てているというのである。だがここで注意を引くことがある。第一は、プラトンがソクラテスに託して、当時の自然の探求が自分の生き方について答えてくれないとの不満を表明した上で第二の航海をあげていることである。第二にプラトンが右の手続きの具体例を示す時、「基礎定立」として、愚直なまでにと断りながら、「イデアが存在する」（本稿ではイデアとは何かは触れないことにする）という言説をあげていることである。こうした点を考慮するとプラトンは、「イデアが存在する」との確信を揺るがすような言説に直面する毎に吟味検討を加え、「やはりイデアが存在する」との確認をしながら進んで行く人生航路を念頭に置いているものと思われる。こうした哲学の姿勢をアリストテレスについても実証しようとする学者が最近現われている。勿論右のプラトンの方法が議論一本槍の主知主義的な真理探究の道を示すとすれば、アウグスティヌスと共に「木の茂る山の頂から平和の祖国をのぞみながら至るべき道を知らず」（『告白』七―二一）と嘆かねばなるまい。しかし真理に生きる者の歩む道と解するならば、プラトンの方法は意義深い。少なくとも、塚本・道正お二人の信仰の姿を思い起こす時、私にとってプラトンは生きたものとなってくるのである。

四

塚本先生の御病後、道正のおじ様が、先生と岩永さんを箱根の萬岳楼へ静養にとお連れしたことがある。道正のおば様が用意して下さった荷物のポーター役を私は仰せつかった。その中には、先生の好物の「ももやま」と梅酒――造り酒屋ご出身のおば様の仕込まれた砂糖をぐっとおさえた辛口の逸品――も入っていた。夕食後二時間程勉強をされると、道正のおじ様の部屋に先生が、「道正君、あるか」と手に猪口をもつポーズをされて訪ねてこられる。ウィスキーグラス一杯の梅酒をゆっくり楽しまれながら、道正のおじ様とあれこれ話をされる。道正なき後の春風学寮をどうするかという話などもあった。私の眼に、気の合った仲の良い二人の青年の姿が重なりあった。その折、塚本先生に一筆おねだりをした。先生は“Non scholae sed vitae discimus.”と認《したた》めて下さった。セネカが哲学者の空疎な議論を皮肉って、「私達は人生の為ではなく学校（学説）の為に勉強するのだ」と述べた（『書簡』106.12）のを逆転させてできた格言（セネカの本心）である。「我らが学ぶは学の為にはあらず、生命《いのち》の為なり。」

（『塚本虎二著作集』続第六巻「月報1」、一九八四年九月）

幼児《おさなご》のごとく

「古きは既に過ぎ去り、視よ新しくなりたり」（『コリント人へⅡ』五・一七）これは道正のおじ様の愛誦句の一つで、この生まれ変わった春風学寮に最も相応しい句に思われます。その新生春風学寮にこんな古い垢をためた者がしゃしゃり出るというのは許さるべきではないような気がします。でも、吉原先輩の御命令もあり、また、塚本先生が「讃美歌の伴奏を頼まれた時、一寸でも弾けるなら指一本でも弾くのが丸の内集会のあり方だ」と仰言ったことを思い、おじ様について少し考えさせていただくことに致します。その際私達の最も警戒すべきは、道正のおじ様を理想化し素晴らしい先生に祭り上げ個人崇拝に陥ってしまう危険であります。私達としては、道正個人を離れて、私達の共有財産、私達の血や肉となるようおじ様が祈って下さっていたものは何か、にのみ目を注ぐことが肝心なのではないでしょうか。

さて、おじ様の思い出となると私の場合、春風学寮生としての足かけ十年の生活そのものの思い出と重なってしまい、何をどう取り出してよいのかわかりません。ただその中で――これは機会あるごとに申してきたことでありますが――春風学寮は決して聖人君子の集まりではなく、やんちゃで、決して品行方正とは申せぬ（少なくとも私の場合）、青春の悩みを抱えた学生達の、床も天井も抜ける程愉快な寮であり、おじ様はそこをこよなく愛して下さっていたのだという確信は揺らぎません。おじ様の寮の導き方は、誤解を恐れずに言えば、例えば、酒、マージャンなど一方では蛇蝎の如く嫌われながら、一方では寮の外での酒、マージャンを大目に見られたというところに象徴されているように思われます。そうした遊びで門限ぎりぎりに帰寮した所、おじ様が玄関に立っておられる。胸倉をとって叱られ、しかも怒りのあまり殆ど言葉にならない。その恐ろしさ、思わず「殺されるかと思った」と告白する先輩がおりますし、一方にはマージャンと学業が入れ替わった生活に「やるならプロ級になれ」といわれた先輩もおります。俗な言葉で言えば清濁あわせ飲むような所がおじ様の魅力だったと申せるかもしれません。が、むしろおじ様は、目障りな芽を摘むことによってもっと大切なものを損なうことを恐れられ、悪の芽を摘むよりは、良い芽が伸びるよう、伸び伸びと育つよう、祈っておられたのだと思います。さぞハラハラ、イライラ歯痒く思われたことでしょう。「こんな寮はいつだって閉寮したってかまわない」、「パンを水に投げる気でなければこんな寮はできない」と、何度私達はおじ様を嘆かせたことでしょう。それでもなおじっと見守って下さった所におじ様の学生に対する深い愛と信頼、それに根差す忍耐を、今はっきりと感じるのであります。

ところで、これ程忍耐強いおじ様に、大変せっかちな面があったことはご存じでしょうか。入寮して間もなく、私が花壇作りが好きな旨申し上げますと、「花を植えて下さらんか」ということになりました。早速種子を播いたのですが、一週間程すると、「眞方さん、花はまだか」とおっしゃるので、種子を播いたことをご報告する。ところがまた一週間程すると「眞方さん、花はまだか」とお尋ねになる。そこで少々気がひけたのですが、丁度安く出ていたパンジーの花の株を三十本ばかり買ってきって移植したのです。翌日おじ様の喜ばれた事、今でもそのニコニコ、心底から嬉しそうな御顔が浮かんで参ります。本日の感話のタイトルを千葉眞さんから求められた時苦しまぎれに「幼児のごとく」としたのは、実は、その御顔が咄嗟に浮かんできたからなのです。そしてあとで気がついたのですが、その嬉しそうな御顔こそ、その後も何度となく拝見したもので、その御顔こそ道正のおじ様のイメージであり、この句がまさにぴったり当てはまるのではないか、更に、はじめに紹介したおじ様の寮の導き方の秘訣も、この句にあるのではないか、と思われたのです。というようなわけで本日は、聖書に出てくる「幼児」のイメージを少し探ってみることにしました。

「幼児（nēpios）」とか「子供（paidion, pais）」という言葉が出てくる箇所を例えば『マタイ伝』からいくつか拾うと、次のような句を挙げることができます。

「天地の主なるお父様、神の国の秘密に関するこれらのことをこの世の賢い人、知恵者に隠して、幼児（nēpios）のような人たちにあらわされたことを、讃美いたします。」

（『マタイ福音書』一一・二五、『ルカ福音書』一〇・二一参照）

「アーメン、わたしは言う、あなた達は生まれかわって子供（paidion）のように小さくならなければ、決して天国に入ることはできない。だから、この子供（paidion）のように自分を低くする者、それが天の国では一番えらい人である。またわたしの名を信ずるこんな一人の子供（paidion）を迎える者は、わたしを迎えてくれるのである。」

（『マタイ福音書』一八・三―五、『ルカ福音書』九・四六―四八参照）

それから、イエスに手をのせて祈っていただこうとして、人々が子供たちをつれて来ると、弟子たちが咎めた。イエスは言われた、「子供（paidion）たちを放っておけ、わたしの所に来るのを邪魔するな。天の国はこんな小さな人たちのものである。」それから子供たちの頭に手をのせて祝福したのち、そこを去られた。

（『マタイ福音書』一九・一三―一五、『ルカ福音書』一八・一五―一七参照）

いずれも、イエスが幼児や子供こそ天国に相応しいことを説いたものとして有名な箇所であります。イエスが子供好きであったことは聖書のはしばしに窺われます。ではイエスは幼児とか子供のどこがそれ程神の国に相応しいと考えたのでしょうか。塚本先生は、「子供のように」とは如何なる意味であるかと論議し研究すること自身が既に子供の如くならざる態度である。

（『著作集』第四巻、、二四四頁）

と喝破されておりますが、敢えて私なりに、幼児、子供の特色を整理してみます。

まず第一に、これは塚本先生のご指摘でありますが、「小さい」、「体が実際に小さい、背が低い」点が挙げられます。イエスは生涯を通じて賤しい小さいものを好まれた。「すべての物において神の知恵と力と愛とは小さきものに結晶する」（『著作集』第四巻、二五三頁）という真理に私達は眼を開かされるのであります。道正のおじ様が、大衆伝道ではなく、たった一人だけ相手の伝道がキリスト教の秘訣であり、よく春風学寮を「このチョッポケな寮」と呼ばれ、「チョッポケ」でなければならないと語られた意味もここにあると思われます。

次に子供達の素直さ、無邪気さ、あるがままを受け入れる面が考えられます。同時に、これは他人がどう思うか、相手が偉い偉くないも計算できないという面でもあります。その点次の記事は興味深い。

宮の庭で盲人や足なえが寄ってきたので、イエスはそれをなおしてやられた。すると大祭司連や聖書学者達は、イエスがされた不思議な業《わざ》と、宮の庭で子供（pais）たちが「ダビデの子に〝ホサナ〟」と言って叫んでいるのを見て憤り、イエスに言った、「あの子供たちがなんと言っているか、聞こえているのか。」イエスは言われた、「聞こえている。あなた達は〝神よ、あなたは幼児（nēpios）と乳飲み子（thēlazōn）との口によって、御自分のために讃美をお備えになった〟と詩篇（八・二）にあるのをまだ読んだことがないのか。」

（『マタイ福音書』二一・一四―一六）

イエスの行なった奇蹟を見て、たとえ大人の口真似、子供の遊びであったにせよ、「ダビデの子に〝ホサナ〟」と叫ぶ子供の眼差しにその素直さ、無邪気さが溢れております。「子供のように神の国を受け入れる」（『マルコ福音書』一〇・一五）、「鳩のように純真であれ」（同一六）という句に、こうした子供達は光を当ててくれるのではないでしょうか。

第三に聖書の記事から浮かび上がってくるのに、幼児の無力さという面があります。

見よ、主の使いが夢でヨセフに現れて言った、「起きて幼児（nēpios）とその母を連れてエジプトに逃げ、わたしが言うまでそこにおれ。……」そこでヨセフは起きて、夜のあいだに幼児とその母とを連れてエジプトに立ちのき、ヘロデが死ぬまでそこにいた。……ヘロデが死ぬと、主の使いが夢でエジプトのヨセフに現れて言った、「起きて、幼児とその母とを連れて、イスラエルの地に行け。……」そこでヨセフは幼児とその母とを連れてイスラエルの地にかえった。

（『マタイ福音書』二・一三―一五）

この記事で私達の注意を引くのは、多分乳を飲んでは殆ど眠ってばかりいる幼児イエスの知らぬうちに、神とヨセフの間ですべて事は運ばれ、生命が守られたという点であります。ここにイエスの生涯の姿が示され、この幼児の姿は私達の日常忘れ去っている生命の事実――神の手に支えられることなしには生きて行くことのできぬ全く無力な存在という事実に、目を開かせてくれるのではないでしょうか。

最後に次のような「子供」や「幼児」という言葉の使用例をあげることができます。

「この時代の人々を何にたとえようか。彼らは何に似ているだろうか。子供（paidion）たちが市場に座って嫁入りごっこや弔いごっこをしながら、こう言って互いに呼びかわすのに似ている。――

『笛を吹いたのに踊ってくれない。
弔いの歌をうたったのに泣いてくれない。』」

（『マタイ福音書』一一・一六―一七、『ルカ福音書』七・三一―三二参照）

相続人がまだ未成年（nēpios）である間は、亡くなった父の全財産の主人でありながら、奴隷と何の相違もなく、父の定めた期限が来るまでは、後見人と管理人との下にいるのである。

（『ガラテヤ人へ』四・一―二）

前の引用はイエスの言葉で、子供達の遊びにやさしい目を注がれつつも、子供達が大真面目に言い合っているが大人から見れば子供の世界に過ぎぬこと、まだ本当の世界がわかっていないことをいとおしんでいるように思われます。

後の句のようにパウロになると、責任能力のないこと、更には視野の狭さ、消化能力のないこと（『コリント人へI』三・二参照）を幼児（nepios）の特徴とする用例が多くなります（キッテル『神学辞典』nēpios、の項参照）。

何だか「幼児のごとく」が少し有難くない句のように見えて来てしまいそうです。決して道正のおじ様が無力だったとか責任能力がなかった、などというのではありません。しかし冷静に考えて見ると、右にあげた幼児の無力さ、責任能力の無さこそイエスが幼児を好まれた理由であり、そして人間に神が求め給う所ではなかったのでしょうか。この点パウロはまさに自分の無力を知り、イエス・キリストによりすがる以外ないことを知った人物であります。

「なんとわたしはみじめな人間だろう！だれがこの死の体から救い出してくれるのだろうか。
――神様感謝します、わたし達のイエス・キリストによって！――

（『ローマ人へ』七・二四―二五）

ここまで辿って来ますと、はじめの方に引用した

「あなた達は生まれかわって子供のように小さくならなければ、決して天国に入ることはできない。」

（『マタイ福音書』一八・三）

の「生まれかわって」――塚本先生は「逆もどりして、廻れ右をして」（『著作集』第四巻、二四三頁）の意味を読みとっておられます――というのは、幼児のように無力に、更にいえば無責任になってすべて神様まかせになると解してよいのではないかということに気付きます。と同時に、パウロのこの句を愛誦された道正のおじ様の信仰の姿はまさにこれだったのだということに気付きます。おじ様は御自分を「罪人の頭」と常に呼ばれましたが、「幼児のごとく」なられた秘訣はここにあったのではないでしょうか。

以上が私の感話であります。なお、序ながら、私なりに聖書によって聖書を読む方法を練習している積もりでおりますが、これは塚本先生、道正のおじ様の秘伝の真似事だということを、申し添えます。

（一九八五年六月一五日）

（『道正安治郎先生　十周年記念文集』一九八六年二月所収）

信仰のみ

一九五八年から一九六七年まで足かけ十年、春風学寮生活を満喫させて頂いた。「牢（寮）名主」の綽名を頂戴してしまったが、理不尽な振る舞い——自分は門限を破るくせに、後輩の門限破りは厳しく注意する、等など——に対する、後輩諸君の抗議と皮肉の表明だったのかもしれない。それはさておき、道正のおじ様が私たち寮生に対して発せられているメッセージが何であったのか、いくつか思い出話を伝えることによって、私なりに考えてみたい。

　私たちの学生時代は六〇年安保（日米安全保障条約改正問題）で、東大生の樺美智子さんが機動隊との衝突で亡くなるという、学生運動が燃え上がった時代であった。安保反対のデモに出かけない学生はアメリカ帝国主義と資本家の手先である、との弾劾が大学でも公然と行われた。ところがおじ様は、デモに出かけないでテニスに興じている寮生を賞賛されたのである。多くの寮生が反発し、中に退寮を申し出る寮友達もいた。だがおじ様はガンとして譲られることはなかった。太平洋戦争中に牢屋に入れられたことのあるおじ様の目から見れば、学生達の政治運動は根無し草にすぎなかったのであろう。おじ様は嵐の中にあって、神与え神取り給うこと、静かに祈り待つべきことを、私達の胸に刻みつけようとされたのではあるまいか。（ちなみに十年後の安保反対運動は全国の大学を紛争に巻き込み、東大安田講堂占拠、機動隊導入、そして陰惨な浅間山荘事件で幕を閉じた。）

次のエピソードはマル秘にすべきかもしれないが、敢えて紹介する。ある日道正のおば様が楽しそうに話してくださったものである。寮友A君のご尊父は寮の大先輩である。ある日塚本虎二先生の丸の内集会のあとで、或る生真面目な方が、「春風学寮で何を学ばれましたか」と尋ねられたところ、その先輩は「酒、マージャン、タバコ」と答え、その方の度肝をぬいたという話。決して好ましくないことを百も承知でおじ様は寮生を見守り、「チョッポケな人間」（おじ様の口癖）が、伸びる芽を摘みとる愚を避けられたのであろう。神が最善の果実をみのらせ給う、との信仰にたって突き進まれたおじ様の姿を彷彿させる思い出である。

とにかくおじ様は、寮生をジェントルマンとして遇すること、愛と信頼で結ばれた春風駘蕩、自由の気あふれる寮の実現を願っておられることを、何度となく日曜聖書講義の中で脱線しながら訴えかけられた。しかしおじ様を深刻に苦しめる事件が幾度も起こったことも確かである。「こんなチョッポケな寮はいつつぶれてもかまわない」と何度口にされたことであろう。しかしその都度、血のにじむような祈りをもって不死鳥のようにおじ様は立ち上がり、問題の処理に立ち向かって行かれたのである。

老人の思い出話はいもづる式に果てしなくつながってくるので、ここらで断ち切ることにする。ただ一貫して見えてくるのは、おじ様は御生涯を「信仰のみ」に賭けられたのだということである。今改めて肝に銘じる次第である。

（『春風学寮　八十周年記念誌』二〇一〇年）

道正のおじさま語録

わたしたちが青春を春風学寮で送ってから六十年以上の月日がたっている。山本は　足掛け七年、眞方は足掛け十年お世話になった。その間、道正のおじさま（先生と呼ばれることを禁じられた（注）ので、わたしたちは「おじさま」とお呼びすることになっていた）のお話を、日曜の集会ばかりではなく、寮の廊下の突き当たりにつながっていた住宅（おじさまとおばさまのお住い）でテレビを見せていただいたり（当時テレビは珍らしかった）、山本は囲碁のお相手をおおせつかったりした折に親しくうかがうことができた。集会でのおそろしいばかりの権威に満ちた聖書講義の大部分は忘れてしまっているが、こころに刻まれていることば、あるいは人生の指針になったことばがふとよみがえってくる。と同時に、くつろいでおられるときの談論風発、ユーモア、茶目っ気たっぷりの会話のはしばしにも忘れられないものがある。春風学寮創立九十周年を機に二人で道正のおじさまの語録を残して見たいと相談がまとまった。おじさまが話されていないのに、いつの間にかわたしたちが創作してしまったことばも混じってしまっているかもしれない。しかし、二人にとって血となり肉となったおじさまの思い出ということでお許しいただきたい。

（注）　卒寮後気がついたのだが、この背後には『マタイによる福音書』のイエスの言葉が秘められているといると思われる。

「聖書学者とパリサイ人は……宴会の上座や礼拝堂の上席、市場で挨拶されることや人から先生《ラビ》と呼ばれることを喜ぶ。しかしあなた達は『先生』と呼ばれてはならない。あなた達の先生はただ一人救世主《キリスト》だけで、あとは皆兄弟であるから。」（二三・二―八、塚本訳）

おじさまの活ける言葉

山本信二郎

☆

コリント後書五章一七節

人もしキリストに在らば新に造られたる者なり
古きは既に過ぎ去り、視よ新くなりたり

「目を覚ませ」〝ドスン〟（おじ様の拳で机を叩く音）

☆

昭和三五年三月末のこと
私は学生生活を自堕落のあげく大学二年生を留年してしまって
やっと三年に上る時のこと
おじ様に退寮を命ぜられ切羽詰まった時のこと
三月末の或る夜明けの朝
住宅のドアを開けて出て見えたおば様に
廊下に土下座して心よりお詫びして
寮に置いてくださるようお願いしました
程なく二階から降りて見えたおじ様が仰られたこと
「私の七二年の生涯で
　君ほどふざけた人間に会ったのは
　初めてだ」
と厳しい御叱正を賜ったのち
在寮を許されました

☆

その年の六月　全学連の安保闘争の最中
国会突入の混乱に巻き込まれて
警官隊に押し戻された東大生の
樺美智子さんが命を失われました
「人は皆　神によりて造られし者なり
　人これを決して冒すべからず」と
私は改めてつくづく感じました

☆

翌年
伊藤忠の入社試験で最終の社長面接の時
〝君は入社したら将来何がしたいか〟と聞かれ
「東南アジアに関係したら　第二次世界大戦の
贖罪をしたいと思います」
（日本人民として東南アジア諸国に侵略し

多くの人民の命を奪ったことに対して）
おじ様の言葉のはしばしから感じとっていた
気持ちが思わず口をついて出たのだと思います
〝その気持ちを忘れないように〟と言われました
戦争は人が人を冒す最大の悲劇で
理由を問わず有ってはならないことです

☆

数十年後私も七十二歳になったとき
あの夜明けの朝のおじ様の
御叱正のお言葉が、お声が耳によみがえり
有難くも懐かしく体中を熱く感じました

☆

側聞ですが、おじ様が春風学寮を開設されたときのこと、昭和四年のころ、おじ様は満鉄（南満州鉄道株式会社）の調査課長をされていました。満鉄の調査課長といえば満鉄の総裁コースの要職です。当時の日本は関東軍が満州事変を起こす二年前のこと、世は軍部独走で軍国主義に走り出すところでした。満鉄の相手は関東軍で、おじ様は満鉄の調査課長として日々、関東軍の東條英機、松井石根、土肥原賢二、板垣征四郎等の将軍たちと侃々諤々意見を闘わせていました。

そこで、おじ様は深く思われました。このまま軍部独走が昂じて軍部独裁となるならば、日本という国は破滅するしかない。おじ様は破綻した後の日本国の再建を担い、立て直す若者を育てようと決心されたのです。

おじ様の危惧されたようにその後の日本は、昭和六年の満州事変、昭和十二年の支那事変、遂には昭和十六年の太平洋戦争に至った末、昭和二十年破滅したのです。満鉄の総裁コースを擲ってまでおじ様が設立された春風学寮、おじ様の〝愛と信頼〟によって育まれた幾百人の卒寮生、在寮生は、神のお導きとおじ様の深いご慈愛のご恩に心よりの感謝を抱き続けることになります。

☆

おじ様は相撲がお好きで、私もしばしば住宅へお邪魔して、おじ様とご一緒にテレビで

相撲の観戦をいたしました。或る時私が

「おじ様、キリストと親鸞が相撲とったら如何でしょうか。勿論がっぷり四つでは問題にならないでしょうが、親鸞が両前褌《まえみつ》を取って食い下がったら相撲になるのではないでしょうか?」

おじ様は私の顔をみてニコッとされて

「君は面白いことを言うねえ　ホッホッ」

と、そのおじ様の笑顔が忘れられません。

☆

箱根萬岳楼、昭和三十年代の秋

おじ様を先頭に寮生一同が箱根の山歩きのあと、萬岳楼温泉で一夜を楽しみました。夕食の後大座敷で、皆で余興をした最後におじ様が立ち上がられ〝あんころ餅〟の歌を歌われ最後に「あんころ餅よ」と歌い叫びながら二十から三十センチも飛び上がられ、うしろの鴨居の額に頭が当るのではとヒヤッとしたことを、昨日のように思い出します。

☆

マタイ伝五章三七節

ただ然り然り、否否といへ、之に過るは悪より出づるなり。

マタイ伝六章三節

汝は施しをなすとき、右の手のなすことを左の手に知らすな。

商社の仕事をしていて思ったこと――
利益を上げる損得勘定以前に事実真実そのものが最も大切
自社のたとえ不利な事実も有利な事実同様に表明する
コンペティター同士が自社の弱点を隠して腹を探り合う中で
有利不利にかかわらず然り然り否否を通す
某社の事、特に某社の不利なことは他社に絶対口外しない
どんな自社の不都合な弱点も外部に漏れない
右の手のなすことを左の手に知らすな
これをつらぬくことですべての会社の信用が生まれ
自社の懸案、不利なことの相談がそれぞれの会社から持ち込まれる
二、三社以上組み合わせると
それぞれの会社の持つ長所短所を補い合わせ無駄なく解決できる
それがやがて二、三社が四、五社になり十社以上の組み合わせでの
解決につながった

その結果他社同士の暗黙の信頼関係も助長されたかと思う
十数年後
石油会社十三社の専務常務クラスの首脳が一堂に会して
銀座で和気藹々の会食が開くことができた
お互いの忌憚の無い安心した交流を目の当たりにみた喜び
決して談合とはならない集まりの喜びは空前絶後であろう

☆

あるとき
外資系世界最大の石油会社の社長が私に綽名をつけた
　“Mr. Trust-me Yamamoto !”
多少日本語がわかったのか
〝山本信二郎を信じろう〟〝信じるぞ〟
との意味を込めてくれたようだ

☆

〝然り然り否否といへ〟

〝右の手のなすことを左の手に知らすな〟

おじさまの言葉断片集

眞方忠道

シチュエイション抜き、順不同、中にはおじさま愛唱の聖書の言葉もまじえながら列挙する。いろいろな場面でふと浮かび、勇気付け、励まし、慰め、肩の力を抜いてくださった思い出がよみがえる。

● 熱い風呂に入ってしまったら、じたばたしないで、ジーッと我慢しなさい。しばらくすると慣れてきて、動けるようになる。

● 部屋に人があつまっているとき、「火事だ！」との声で、みなが一斉にドアに殺到する。あわててドアを押して逃げようとするけど開かない。その時後ろから誰か一人が「引いて見よ」と叫ぶ。ドアを引いてみたら開き、全員が助かることになる。

● 高い崖の上を淵に向かって歩いているのに気がつかない人がいる。下にいてそれに気がついた者が、「おおい、危ないぞ！」と声をかけてやらなければ落ちてしまう。

● 滅びに向かう者は、滅びるにまかせなさい。

●日本人のスパイがどんなに上手に支那人に化けても、顔を洗うときに一発でばれてしまう。子供のときからの水をジャブジャブ使う癖はぬけない。

●馬を水際まで引っ張って行くことはできても、無理矢理水を飲ませることはできない。

●パンを水に投げよ[1]。その覚悟がなければこんな寮を続けることはできない。

●女学校の中でお互いに先生先生と呼び合っている。あれほど気持ちの悪いものはない。

●先生の三つの意味を知っとるかね。「先生」は「先に生まれて」「先ず生なり」。

●（「春風学寮」の額について）　この額は東伏見宮御夫妻の書道の師範をされていた杉山令吉先生[2]が、「春風駘蕩　和気藹藹とした寮を目指したまえ」とおっしゃって、揮毫してくださった。

●東海林太郎は満鉄の切符切りだった。歌がうまく東京に行くことになった。「君は他の歌うたいのようにチャラチャラ科《しな》をつくったりしないで、ちきっと直立不動の姿勢で歌いたまえ」といって送り出した。あれは今でもそれを守っておる。

●時代遅れにならないように諸君は流行を追いかける。ズボンを太くしたり細くしたり忙しい。わたしなどは、ズボンの太さはずっと変わらない。だからわたしはいつも流行の最先端にいることになる。

●中国が今整備している鉄道網は、満鉄調査部でわたしたちが検討して設計した図面通りにすすめられている。わたしはこうした調査のため中国全土に足を運んだ。

●こんなちょっぽけな寮はいつつぶれてもかまわない。

- わたしは罪びとのかしらである。
- （机をたたきながら）見よ、新しくなりたり。
- 「アッター・ハー・イーシュ」（『サムエル後書』一二・七）。おじ様はヘブライ語を塚本先生から習われ、聖書講義の中で突然口にされた。「汝はその人なり」で、預言者ナタンがダビデ王の罪を自覚させた言葉。ご自身にむけられていると常に受け止めていらっしゃった。
- 「メー・ゲノイト」（『ロマ書』三・六他頻出、パウロの常套句）。同じくギリシア語の例。「決して然らず」で、私たちが誘惑を覚えたとき、決然とこの言葉を口に出すよう、勧められた。
- 「新約聖書の中の十三章には、いつも大切なことが出てくる。」聖書講義の途中で不図おっしゃったのが頭に残っている。この機会に、並べて確認しておきたい。

『マルコ福音書』人の子来臨の前兆・来臨・来臨の日

『マタイ福音書』種まきの譬・毒麦の譬・辛子粒の譬とパン種の譬・隠された宝の譬と真珠の譬・地曳網の譬

『ルカ福音書』悔改めねばみな滅びる・みのらぬ無花果の譬・十八年病気の女・辛子粒とパン種の譬・狭い戸口から入れ・エルサレム滅亡の預言

『ヨハネ福音書』弟子の足を洗われる・互いに足を洗え・ユダ反逆の預言・ペテロ否認の預言

『使徒のはたらき』第一回伝道旅行――パウロとバルナバ（アンテオケでの）パウロの説教

『ローマ人へ』官憲に対する義務・隣の人を愛せよ・日は近い、さめよ
『コリント人へ　第一』愛（アガペー）の賛歌
『コリント人へ　第二』今度こそ容赦しない・悔い改めよ
『ヘブライ人へ』兄弟愛を保て、清潔で、金銭を愛するな・霊の犠牲をささげよ
『ヨハネの黙示』サタンの代理なる怪獣

注

（1）『伝道の書（コヘレトの言葉）』一一・一「汝の糧食（パン）を水の上に投げよ。多くの日の後に汝ふたたび之を得ん。」

（2）杉山令吉（安政二（一八五五）年～昭和二十（一九四五）年　陸奥宗光の懐刀（秘書官）として日露戦争講和条約締結に尽力。東京商科大学（現一橋大学）、早稲田大学教授、書家としても著名。

（『春風学寮創立九十年誌　春風学寮ありてこそ』二〇一九年）

第二部
ユダヤ・キリスト教の人間観

「善い羊飼い」石彫レリーフ

西洋の思想を理解するには、ユダヤ・キリスト教の人間観を無視することはできません。それを知るのに最も手近な資料が『聖書』と呼ばれる書物です。ちなみにこの呼び名はギリシア語ビブリア（biblia、biblion の複数形）からラテン語（biblia、複数形で単数あつかい）を経て借入されたBible（英語）、Bibel（独語）、Bible（仏語）等の翻訳で、元来「紙、巻物、本」という意味です。人類にとってただ一冊の重要な本ということで固有名詞化され、特にキリスト教会で経典ということで「聖なる」（Holy, Heilige, Saint）が冠せられます。以下常識として心得ておきたい『聖書』の構成の一覧を、西方キリスト教会の伝統に従って示しておきます。

『聖書』（*the Bible*）

旧約聖書

歴史――創世記、出エジプト記、レビ記、民数記、申命記（以上モーセの五書）、ヨシュア記、士師記、ルツ記、サムエル記上・下、列王記上・下、歴代誌上・下、エズラ記、ネヘミヤ記、エステル記

〔天地創造からイスラエル民族の発達、成長、繁栄、衰退の記録、バビロニア捕囚、捕囚からの解放、そしてエルサレム神殿再建（前五一六年）まで〕

詩――ヨブ記、詩篇、箴言、コヘレトの言葉（伝道の書）、雅歌

〔イスラエル民族の詩と文学〕

預言――イザヤ書、エレミヤ書、哀歌、エゼキエル書、ダニエル書、ホセア書、ヨエル書、

アモス書、オバデヤ書、ヨナ書、ミカ書、ナホム書、ハバクク書、ゼファニヤ書、
ハガイ書、ゼカリヤ書、マラキ書

聖　書

旧約

旧約＝旧い約束：神はユダヤ民族を選び出し、アブラハム、モーセ、ダビデ、その他の預言者たちを通して、くりかえし次の契約を確認された――もし神の言葉、とくにモーセを通じて与えた律法を遵守するならば、彼らに永遠の王国を与えること、その際一人の救世主（メシヤ、キリスト）が出て、彼らを救って永遠の幸福に入れてくれることを。

新約聖書

歴史――共観福音書（マタイ、マルコ、ルカ）、ヨハネ福音書、使徒言行録
〔イエスの言行録（四福音書）とイエスの弟子たちの言行録〕

書簡――パウロ書簡（ローマ人へ、コリント人へ一・二、ガラテヤ人へ、エペソ人へ、ピリピ人へ、コロサイ人へ、テサロニケ人へ一・二、テモテへ一・二、テトスへ、ピレモンへ）
ヘブライ人へ、ヤコブの手紙、ペテロの手紙一・二、ヨハネの手紙一・二・三、ユダの手紙

予言――ヨハネ黙示録

新約＝新しい約束：イエスが神の子、キリストであり、人は彼を信じることによってすべての罪は赦され、神の国に入ることができる、ということを神は約束された。

（塚本虎二『聖書の読み方』一九四六年、参照）

I　旧約聖書の世界

一　旧約聖書

　さて、右で用いた「旧約（旧い約束）」「新約（新しい約束）」という語はキリスト教の立場のもので、ユダヤ教では聖書といえば旧約聖書にあたるものしかなく「旧い約束」は認められませんが、便宜上『旧約聖書』の名を用いることにします。本章では私の捉えた『旧約聖書』の人間観について述べて見たいと思います。なお、ユダヤ教の伝統では配列が異なり『旧約聖書』は、「律法（トーラー）」「預言者」「諸書」の三つに区分されます。ここではその区分に従って梗概を紹介しておきます。ちなみに前記の配列は、前三世紀頃、エジプトのアレキサンドリアで成立したギリシア語訳の聖書――翻訳に七十ないし七十二人の学者が関わったとの伝承から七十人訳聖書（セプチュアギンタ）と呼ばれる――に由来します。

「律法」は前記の「歴史」に分類した最初の五書で、「モーセの五書」とも呼ばれ、天地創造、人間の創造から民族の分布、イスラエル民族の祖と族長たちの物語、エジプト移住、モーセによる出エジプト、モーセが約束の地カナンを目前にのぞみながら死を迎えるところまでが語られます。特に神ヤハウェからモーセを通じてイスラエルの民に示された「十戒」とその具体的細則が重要な地位を占めます。

「預言者」は、前記の一覧表の『ルツ記』を除く『ヨシュア記』から『列王記上・下』までを「前期預言者」、『イザヤ書』以下『マラキ書』（『ダニエル書』『哀歌』を除く）までを「後期預言者」と呼びます。「前期預言者」はイスラエル民族のカナン侵入から部族連合への成長、ついで王国の成立と繁栄（サウル、ダビデ、ソロモン）、王国の分裂、そしてバビロニアによるエルサレム陥落までが記されます。（この歴史は「申命記史家」と呼ばれる一人ないし複数の人物によって編集されたと推定されます。）「後期預言者」はバビロニア捕囚からペルシアによる解放と故郷の地への帰還にいたる時期に輩出した預言者の言葉（場合によっては生涯）がしるされます。

「諸書」には『詩篇』『ヨブ記』『箴言』『ルツ記』『コヘレトの言葉（伝道の書）』『雅歌』『哀歌』『エステル記』『ダニエル書』『エズラ記』『ネヘミヤ記』『歴代誌上・下』が入ります。『詩篇』は、「バビロニア捕囚」以後再建された寺院で楽器や舞とともに奉納された讃美歌とされています。但しこれは捕囚以前のダビデ王の作とされる詩をはじめ数百年にもわたって集められた作品からなっています。

『ヨブ記』『箴言』『コヘレトの言葉』は知恵文学とも呼ばれます。神に義しい人と認められる裕福なヨブの身の上につぎつぎ災難や病気が襲い人生のどん底に突き落とされたのを見て、ヨブの犯した罪に対する罰にちがいないと悔い改めを忠告する友人たちと、神の義をそのような物差しで測ることを拒否するヨブとの応酬を描いた『ヨブ記』は、神義論（悪人が栄え、善人が苦しむ、これでも神は正しいのか、と問うのはその一例）の古典とされます。『箴言』はソロモン王の知恵として記された格言集ですが、地中海周辺、特に近東一帯に伝えられている格言、人生訓の集大成といえます。若きソロモン王の人間探究のよそおいをとる『コヘレトの言葉（伝道の書）』は、人間の幸福、労苦、賢・愚、善・悪、人生の不条理、時間、神などについて思いをめぐらし、一見懐疑的でありながら人生の意味についての思索をせまる作品です。「空の空なるかな」「日のもとに新しきもの一切なし」「青年よ、汝の若さを楽しむべし」「汝の若き日に汝の造り主をおぼえよ」など人口に膾炙した句が登場します。

『ルツ記』はダビデ王の曽祖父ボアズが異邦モアブの女性ルツを娶った経緯を物語る短編小説を思わせる作品です。ユダヤ教の祭日（七週祭）に朗読されます。純血主義を誇るイスラエル人に対してダビデ王の家系に異邦人の血が入っていることを告げる興味深い文書です。

『雅歌』は結婚の祝歌《ほぎうた》、若い男女が互いに歌い返す愛の歌を集めたもので、『聖書』の中では異色な印象を与えるかもしれません。ソロモン王の手になると言い伝えられ、種々の宗教的・比喩的解釈が試みられてきましたが、民間に伝わる素朴な愛の賛歌と解すべきであるとする説が有力です。

『哀歌』は、バビロニアによって攻め滅ぼされたユダ王国の都エルサレムに残った住民の苦難、痛み、悲しみを歌い、その原因と意義まで思いをはせる詩文学です。

『エステル記』は、ペルシアによるバビロニアからの解放を祝うとされるプリム祭の起源を、ペルシア宮廷を舞台にペルシア王の王妃となったエステルとその養父の活躍を軸に語る半分フィクションのいわば歴史小説です。

『ダニエル書』は、バビロン捕囚時代、バビロニア王ネブカドネツァルに仕えさせられたイスラエル人ダニエルを中心人物として、異国で異教を強制される試練の中で神の加護によって信仰を護る姿、王の見た夢を解く知恵、さらに彼に現れた幻が語られます。そこにはネブカドネツァルの王国の没落、ペルシアの勃興と没落、アレクサンドロスの世界制覇とその死後の王国の分裂が暗示されています。成立は紀元前二世紀頃とされこの書の時代設定より四百年は後なので、すでに起こった歴史を予言していることになりますが、当時のセレウコス朝の迫害の中で過去の歴史から未来の啓示をうけたもので、黙示文学に先鞭をつけるものといわれます。

『エズラ記』は、ペルシア王キュロスの命で捕囚から解放され故国に帰還したイスラエル人たちのエルサレムでの礼拝再開、神殿再建に着手しながら捕囚期に入植した住民とのトラブルによる工事の中断、ペルシア王ダレイオスの裁断によるエルサレム神殿竣工と奉献、律法学者エズラの帰還と彼によるモーセの宗教への復帰を記録した歴史書です。『ネヘミヤ記』は、ほぼ同時期、ペルシア宮廷で重用されていたネヘミヤがユダに総督として派遣され、エルサレムを囲む城壁を再建し、軽視されていたモーセの律法をエズラと共に人々に厳守することを誓わせるまでの記録です。この書に出てくる、モーセ以後のイスラエル人の歩み——神と律法からの離反、神の鞭、神の憐みによる救い、離反、の繰り返し——に対する懺悔には記者の歴史観がうかがえます。なおこうした内容からこの二書はヘブライ語聖書では一書とされる一方、キリスト教会では前記の構成一覧の配列で歴史につながる二書とされます。

『歴代誌』は、最初に人祖アダムの子孫たち、イスラエル民族の諸部族、諸氏族の系図と人名を列記することにより各自の出自（ルーツ）に思いを致させるとともに、サウル、ダビデ、ソロモン、ついで王国分裂後のユダ王国の諸王の事績を中心にバビロン捕囚に至る略史を記し、最後にペルシア王クロス（キューロス）による捕囚からの解放とエルサレム神殿再建命令の布告が結びとなります。特に興味深いのはバビロン捕囚というイスラエル民族にとって最大の悲劇ともいうべき事件を、イスラエルの土地にとって安息の年（サバティカル）であった、つまりこれから新しい年が始まるのだと説く歴代誌記者の歴史観ではないかと思われます。

以上空虚な紹介になりましたが、上に紹介した『聖書』（バイブル）の語源にふさわしく、これまで紹介したそれぞれの書は、千年近くにわたる異なる記者たちの手になるそれぞれ独立した一冊の本であると同時に、これら全体は、記者たちの眼差しが或る一点に注がれて出来上がった一冊の本なのです。次節ではその眼差しに触れて見たいと思います。

二　『創世記』（一・一〜一一・八）

『旧約聖書』の記者たち全体に通じる眼差しについて語ろうとするのは無謀な試みです。しかし、『旧約聖書』の冒頭をかざる『創世記』、しかもそのごく最初の部分に登場するいくつかのエピソードに充分にその眼差しがあらわれていると私は考えています。

天地創造

周知のように、この書の第一章第一節は「初めに、神は天地を創造された」（新共同訳）です。日本語では主語を示す助詞「は」と「が」のニュアンスが大分違います。ちなみに関根正雄訳では「始めに神が天地を創造された。」となっています。前者は神のなした最初の仕事を客観的に記述するのに対し、後者は「此の天地を創ったのは神である」との創世記記者の信念を表明していると思われます。たいした違いはないように見えるかもしれませんが、記者はこれから書き記す出来事一切を神が導いて行くのだとの信念を宣言していると考えられます。

さて、天地創造以前の原初の状態は「地は混沌であって、闇が深淵の面にあり、神の霊が水の面を動いていた」（新共同訳）。すなわち存在といいうるものは一切なく何か混沌の海を真っ暗闇が覆い、ただ神の霊気が流動していた、というのです。原初に水を考えるのには近東の創造神話の影響が指摘されます。例えばバビロニア神話では、混沌とした水の姿をした怪物女神ティアマットをマルドゥックが退治しその肢体から秩序ある宇宙を創ったとされています。エジプト神話の一つでも混沌とした水ヌンが生命の源でその中から造物神アトゥム＝レーが生まれたとされます。但し『旧約聖書』ではこうした神々の闘争とか誕生によって宇宙が創造されるのではなく、唯一の神ヤハウェが自分のプランに従って、しかも命令の言葉を発するだけで万物の創造が進められたことになっています。まず第一日目が光です。これによって光と暗黒、昼と夜の分離が行われ、以後被造物は光の下で姿を現すことができることになります。と同時に光は自然秩序の要であり、熱の源です。その点で光は存在を支えるものといえます。ついで第二日目に大空が造られ水が上下に分けられます。空の青さや降雨を説明するなかなか合理的な思考ではありませんか。第三日目に大空の下の水が一か所に集められ、海と陸地が分かれ、さらに青草と果樹が生じさせられます。第四日目に、昼を司る大きな明かりと夜を司る小さな明かりが造られ、日、季節、年が刻まれることになります。第五日目に水の中の生き物と空を飛ぶ鳥が、そして第六日目に地上の生き物、家畜、這うもの、獣を神は大地に生じさせ、さらに神の似姿をした人を男と女とに創造します。（別の資料では神は、地の土くれ《アダマー》から人《アダム》を、その助け手としてアダムの肋骨の一つから女《エバ》を造った、と伝えています。）こうして天地万物を創造した神は第七日目にやすみます。これが安息日、現代の日曜日のはじまりです。なお、一日の創造の成果を見て神はそれを「良しとされた」との一句が毎日そえられていることを指摘しておきます。記者はこの天地と万象を神が祝福したものなのだと宣言するのです。

楽園喪失

神ヤハウェはアダムとエバをエデンの園に住まわせ、地の世話をさせます。そして園の中のどの樹からでも好きなものを食べてよい、が、園の中央にある樹の実は食べてはならない、もし食べたりすれば死ぬであろうと、申し渡します。ところが園にいる獣のなかでもっともずるがしこい蛇がエバを相手におしゃべりをしながら、園の中央にある樹を話題にし、それを食べても「決して死ぬことはない。それを食べると、目が開け、神のように善悪を知るものとなることを神はご存じなのだ」とそそのかします。エバはその樹の実がいかにもおいしそうで、しかも賢くしてくれそうにみえたので、実をとって食べます。アダムも渡されたので食べます。すると二人の目が開け、自分たちが裸であることを知り、腰衣をつくります。風が吹き始めた夕方、散策する神ヤハウェの足音を聞いた二人は茂みに隠れます。「どこにいるのか」との声にアダムは怖くなり、自分たちが裸なのに気付き隠れたのだと答えます。さては食べてはならないと言っておいた樹の実をお前は食べたのか、と問われたアダムは答えます。「あなたがわたしと共にいるようにしてくださった女が、樹から取って与えたので、食べました。」こんどは神に問いつめられたエバが答えます。「蛇がだましたので、食べてしまいました。」アダムはエバに、さらにエバを与えた神に責任をなすりつけ、エバは蛇に責任をなすりつけようとしているのです。これこそ人類最初の言い訳です。それはさておき、神は蛇（恐らくマムシ）には人間と敵対関係におかれること、エバには子供を生むのに苦しみを経なければならぬこと、アダムには土地が呪われてしまったので食物を得るのに額に汗して働かねばならないことを申し渡します。そしてアダムとエバはエデンの園から追放されたのです。

以上の物語は、人間が他の動物と違い知恵を持つに至ったこと、女性が産みの苦しみをもつこと、人が額に汗して土地をたがやさねばならぬことの由来を説明する素朴な民話（原因譚）ですが、『創世記』記者はここに人間の神からの離反を見てとっています。なかでも人間の獲得した知恵について、醒めた目を向けています。知恵は責任のがれの言い訳に使われるのです。あまりにもペシミスティックな見方ではないかと思われます。しかし人間が自分たちをホモ・サピエンスと手放しで誇ってよいのか、記者は私たちを考え込ませるのではないでしょうか。

カインとアベル

アダムとエバはエデンの東の地に住むことになりました。二人の間にカインとアベルの兄弟が生まれ、カインは農夫、アベルは羊飼いとなります。時を経てカインは農作物の中から初穂を、アベルは羊の群から肥えた初仔を神への供え物としてヤハウェ神に捧げます。ところが神はアベルの捧げものを嘉納されたが、カインの捧げものには顔をそむけられたのです。カインはアベルを野に呼び出し、殺してしまいます。この物語も、イスラエルの民が神への供え物として羊などを祭壇で焼く供犠の起源を語るものと思われますが、記者はここで人類最初の殺人を織り込みます。狩猟時代、人間は獣たちの命を奪わねば生きて行くことができない、犠牲式のあとの共同の食事は、共同体がそこで行われる流血による穢れをひきうけながら神に赦しと清めを請い求めつつ生きて行かねばならないことを確認する儀礼であったと言われます（ホモ・ネカンス――殺す人間（W・ブルケルト））。農夫カインによる殺人は、農業といえども他の生命を奪うことによって生命が維持される点では本質的に狩猟とかわらないことを記憶させる象徴的事件と創世記記者は受けとめていたものと思われます。

ノアの箱舟

その後アダムとエバの子孫は増え続けます。ところが地上では人の悪が増え続け、またその心の企てることがすべて悪だったとされます。それを見たヤハウェは、人を地上に造ったことを悔い、人ばかりではなくすべて肉なるものを地上から拭い去ることにします。しかしノアだけは、ヤハウェの目から見て義しく欠陥がなかった。ヤハウェはノアに箱船を造り、そこに自分の妻、三人の息子とその妻たち、地上のあらゆる生き物たち一つがいずつ、すべてを乗せ、糧となるすべての食べ物を積み込むよう命令します。そしてノアが六百歳の時、天の水門が開かれ大雨となり四十日四十夜降り続いたのです。地上に残されたすべての生き物は死に絶え、箱舟だけが大水の上に浮かびそこに乗っていたものだけが残ります。天の水門が閉じられ、神はノアたちのために風を送ったので水は引き始めます。箱舟は、百五十日目にアララトの山地に流れ着きその四十日後にノアは箱舟の窓から烏を放ちますがすぐ戻ってきてしまいます。さらに鳩を放ってみますがやはり足を休める所が無いらしく戻ってきてしまう。その七日後再び放たれた鳩はどこかを目指して飛び去った後、夕方にオリーブの若葉を口にくわえて戻ってきたのです。こうしてノア六百一歳のとき地面は乾きます。

以上は『創世記』の洪水伝説の記事です。メソポタミアには人間を嫌う神が洪水を起こし、人間に好意を持つ神が一人の人間に舟を作らせて命を救う伝説があります。考古学の発掘によってもメソポタミア地方を襲った大洪水の地層が確かめられています。ちなみに、プラトンは洪水により一夜にして海底に沈んだアトランティス国の伝説を伝えておりますし（未完の『クリティアス』）、中国にも貧しい母と孝行息子が救われる洪水伝説があります。人類の記憶の底に普遍的無意識として洪水伝説が刻まれているかのようです。

それはさておき、洪水の後メソポタミアの神は人間の捧げた供犠の焼肉の香りを喜び、二度と大洪水を起こさぬことを約束したとされます。これに対し『創世記』記者は、神が供犠の焼肉の香りをかぎながら、心中でつぶやいた言葉として「人に対して大地を呪うことは二度とすまい。人が心に思うことは、幼い時から悪いのだ。……」を伝えているのです。なんとも奇妙なせりふですが、人の悪や暴虐を（洪水などの）暴力で鎮圧することが不可能なこと、なにか別の手段によって人類を義しい道に導くことを神が意図していると記者は予感していると考えられないでしょうか。

バベルの塔

ノアは洪水の後、葡萄を育てる農夫となり、人類に辛い労働の慰めとなる葡萄酒をもたらします。三人の息子、セム、ハム、ヤペトからは地上の諸族が分かれ出ます。その頃全地では一つの言語、同じ言葉が使われていました。人々は南メソポタミアのシンアルという名の平野に集まり、自分たちの名をあげ一体感を護るために、天まで登る塔を建て始めます。ヤハウェ神はその塔を崩し、人々の言葉を混乱させ、互いの言葉が聞き分けられないようにしてしまいました。言葉を混乱させた（バラル）ことからその塔はバベル（バビロン）の塔と呼ばれたと伝えられています。前六世紀頃バビロンには巨大な塔があり、またメソポタミア地方では前三千年代に、各地でジグラットと呼ばれる階段状ピラミッドの塔が造られています。私たちの言語がどうしてこれほどまで多様なのか、また同じ言語同士でも互いに理解し合うことが困難なのかを説明する民間伝承の原因譚を、『創世記』記者はジグラットの遺跡に結び付けたものと指摘されています。ただし、人間同士が理解し合うことの困難さの原因に、神の座まで登ろうとする人間の傲慢を記者が見ていたことは興味深いところです。

＊　＊

さて、以上は『創世記』全体の十分の一に過ぎず、これから神によって選ばれたイスラエル民族の祖というべきアブラハム以下イサク、ヤコブと続く族長伝説、エジプトに売られたヤコブの子ヨセフの物語、そして飢饉を逃れるためのヤコブ一族のエジプト移住と長い物語が続き、『出エジプト記』へのバトンタッチが行われます。族長伝説以下は何らかの歴史上の人物や出来事の投影があると認められています。これに対してここで紹介した記事は、中近東に流布していた民間伝承の民話や原因譚を種子とした、いわばフィクションの世界といえそうです。しかしこれまで何度か指摘したように『創世記』記者は神と人間に対する自分なりの思索の成果――旧約全体に通じる成果――を物語と一体化させているのです。次節では『旧約聖書』における神と人間の捉え方、そして旧約固有の人間の心情を紹介して見たいと思います。少なくとも、キリスト教、イスラム教を生みだす土壌となったことは否定できません。

三　神と人間

(1)　神

旧約聖書を通じて人間に働きかけ、人間を導く神の属性を箇条書きで並べてみます。但し、この際これらの属性がばらばらに並列しているのではなく、神と呼ばれる存在に有機的に一体となってそなわり、いわば一つの生命体を作り上げていると解さねばなりません。

㈠　唯一神

旧約聖書は、イスラエル民族がヤハウェこそ唯一の神であることを信じるか信じないかを問われ続けてきた歴史の記録ということができるかもしれません。天地創造に始まり、アブラハムの召命、その子孫のエジプト移住に至る『創世記』では、ノア、アブラハム、イサク、ヤコブ、ヨセフ達に語りかける同一性を保つ庇護者的な一つの存在、神（エール、エローヒーム、ヤハウェ）が彼らを護り導く有様が生き生きと語られます。この神との素朴な関係が『出エジプト記』でモーセにより、エジプトでの奴隷的生活からイスラエルの民を救い出した唯一神ヤハウェがイスラエル民族と契約を結んだとする信仰に高められます。有名な「十戒」の前文、第一条および第二条は次のようになっています。

わたしは主（ヤハウェ）、あなたの神（エローヒーム）、あなたをエジプトの国、奴隷の家から導き出した神である。

あなたには、わたしをおいてほかに神があってはならない。

あなたはいかなる像も造ってはならない。上は天にあり、下は地にあり、また地の下の水の中にある、いかなるものの形も造ってはならない。あなたはそれらに向かってひれ伏したり、それらに仕えたりしてはならない。わたしは主、あなたの神。わたしは熱情の神である。わたしを否む者には、父祖の罪を子孫に三代、四代までも問うが、わたしを愛し、わたしの戒めを守る者には、幾千代にも及ぶ慈しみ（ヘセド）を与える。

（『出エジプト記』二〇・二～六、新共同訳参照、以下同）

ここには唯一神の宣言と偶像礼拝の禁止、そしてこの掟を守ることによって神の慈しみが与えられるとの約束が示されています。なお、モーセにエジプトからの脱出を指揮するよう神から命令が示される召命の場面で神は自ら「あなたの父の神……アブラハムの神、イサクの神、ヤコブの神である主（ヤハウェ）」と名乗ります。また、モーセが民に神の名を何と告げればよいかと問うたのに対し「わたしはある。あるという者だ」と答えています。これは神からのモーセに対する啓示とされますが、モーセによってこの唯一神が明確に同定されたのだと考えることができます。すなわちこの神は、アブラハム、イサク、ヤコブに語りかけ、モーセにも今語りかけている、そして将来も預言者を通じて語りかけ続ける、唯一の真実在、ということになるでしょうか。私たち日本人には理解しがたい存在ですが、子供たちの幸せを願ってあれこれ口出しをするうるさい父親を思い浮かべると案外近いかもしれません。それはさておき、「十戒」が与えられる際、イスラエルの人々は「わたしたちは、主が語られたことをすべて、行います」と宣言しますが、以後の歴史ではこの第一条、第二条からの離反、神の怒り、民の悔恨が繰り返されることになります。旧約聖書ではこの第一条、第二条が生命線となるのです。

(二)　創造の神

「初めに、神は天地を創造された」（『創世記』一・一）とあるように、イスラエルの民は、この天地宇宙をはじめ一切の万物が、神による被造物であると主張します。しかも「神は言われた。《光あれ。》こうして、光があった」（『創世記』一・三）とあるように、神はただ言葉を発するだけで創造されたとされます。これは例えばプラトンのデミウルゴス（制作神）が、種々の素材を用いて最善となるように宇宙から人間までを制作するのと対照的です。プラトンの方が、私たちには合理的説明として理解しやすい。しかしこれでは、神と天地宇宙の間に支配関係はあっても、同質の存在になってしまう、と記者は直観したのでしょう。旧約の神は一切を超越しながら、一切を導く人知では測ることのできない存在といえるでしょう。

(三)　義の神

モーセの十戒からも分かるように、倫理道徳の面できわめて厳しい神です。参考までに第三条以下をあげて見ます。

「あなたの神、主（ヤハウェ）の名をみだりに唱えてはならない。」「安息日を心に留め、これを聖別せよ。」「あなたの父母を敬え。」「殺してはならない。」「姦淫してはならない。」「盗んではならない。」「隣人に関して偽証してはならない。」「隣人の家を欲してはならない。」（『出エジプト記』二〇・七、一二〜一七）

神と人との関係をただしく守ることからはじめ、人間として守るべき掟が絶対命法（〝もし…ならば、…せよ〟という仮言命法ではなく！）で示されています。しかもこの十戒をめぐって神から告げられたとする違反者に対する刑罰が『レビ記』などに記されますが、なんと「石打ち」による死刑なのです。あまりの厳しさのためにこの一神教はしばしば攻撃をうけてきました。しかし、後半の人間同士にかかわる規定は社会生活を営む際に必須のものではないでしょうか。なお、ギリシアの神々が欺き、盗み、不倫などを天衣無縫に行い、いわば道徳の彼岸にあったのとは対照的なことに気付きます。

㈣　歴史の神

旧約聖書を通じて浮かび上がってくるのは、歴史の中で自分の計画を実現して行く神の姿です。天地創造に始まり、人類の代表としてイスラエルの民の選出、エジプトでの奴隷的生活、エジプト脱出、シナイ半島の荒野の生活、モーセの十戒と律法の啓示、カナンへの侵入、王国建設、王国分裂、新興アッシリア帝国の侵入と北王国イスラエルの滅亡、ついでバビロニア帝国の興隆と南王国ユダの滅亡、エルサレムの落城とバビロン捕囚、ペルシア帝国による解放とイスラエル民族の祖国への帰還……パレスチナの血なまぐさい歴史と言う他ありませんが、それぞれの時代に預言者たちが現れ、こうした歴史を通じて神がイスラエルの民を導いていることを解き明かします。特に、異民族の侵入と略奪は、王や王妃をはじめ民衆がヤハウェ神から離れ周囲の民族の崇める豊穣神バアルや豊穣女神アシェラに捧げる偶像礼拝に走ることに対するヤハウェの怒りであると説き、悔い改めを彼らは求めたのでした。しかしこうした一民族の枠に限定されず、人類の歴史全体に視野を拡げて神の摂理に思いを致す預言者たちが登場します。彼等は、神に離反した故に民族や国同士が分かれ争い、戦の止むことのないこの世界に、神が救い主（メシヤ）を送り、永遠の平和が訪れることを神が約束した、と告げ知らせたのです。天地創造から始まりメシヤの出現で歴史が完結するよう神が働いているとする終末論的な信仰です。

終わりの日に
主の神殿の山は、山々の頭として堅く立ち
どの峰よりも高くそびえる。
国々はこぞって大河のようにそこに向かい
多くの民が来て言う。
……
主は国々の争いを裁き、多くの民を戒められる。
彼らは剣を打ち直して鋤とし
槍を打ち直して鎌とする。

国は国に向かって剣を上げず
もはや戦うことを学ばない。

（『イザヤ書』二・二〜四）

㈤　慈しみの神

これまで述べてきたところでは、旧約聖書の神はきわめて厳格で倫理的には一点一画の不正をも見逃さずその責任を追及する畏怖される存在との印象をうけます。しかしここで忘れてならないのは、この神が同時に慈しみと寛容の神でもあるということです。禁断の木の実を食べたアダムとエバをエデンの園から追放する際、神は二人に皮の衣を着せてやったとの『創世記』の記事を皮きりに、以後旧約聖書全体を通じて、登場人物が神から離反するような行為をしてしまったあと、心から悔い改めた時、神が恵みに代える出来事が限りなく繰り返されて行きます。特にこの点に目を注いだ預言者も現れます。

わたしが喜ぶのは愛（慈しみ、ヘセド）であって生贄ではなく
神を知ることであって焼き尽くす献げ物ではない。

（『ホセア書』六・六）

人よ、何が善であり
主（ヤハウェ）が何をお前に求めておられるかは

お前に告げられている。
正義を行い、慈しみ（ヘセド）を愛し
へりくだって神と共に歩むこと、これである。
（『ミカ書』六・八）

なお、祭司が祭儀を執り行うにあたって守るべき諸規定を集成した『レビ記』に、「十戒」を敷衍しいわば施行細則を示した箇所があります。そこで神からモーセに示された言葉として、「復讐してはならない。民の人々に恨みを抱いてはならない。自分自身を愛するように隣人を愛しなさい。わたしは主（ヤハウェ）である」（一九・一八）が記されています。神に選ばれたイスラエルの民は神にならって当然このように振る舞うはずだ、という主張でしょう。旧約聖書の神の重要な属性としてこの「愛、慈しみ（ヘセド）」を忘れてはなりますまい。

(2) 人　間

次に人間はどのような存在として受けとめられているのでしょうか。『創世記』記者が天地創造を記した所に基本的な考え方が充分に表わされているといわれます。再び箇条書きにしてみます。

(一)　被造物の冠

天地創造では、六日目、それまでに天地宇宙から人間以外の生きとし生けるものまでが造られたうえで、人間は造られたことになっています。「主（ヤハウェ）なる神は土の塵で人を形づくり、その鼻に命の息を吹きいれられた。人はこうして生きる者となった」（『創世記』二・七）というのです。ここで注目すべきことは第一に、人間は神によって造られた被造物、しかも土の塵にすぎないということです。完全に自力で生きて行くことはできない、死ねば土に還る存在であるという人間観は時代遅れといいきれるでしょうか。第二に、天地創造の最終の六日目（創造のすべての業を終えた神は七日目に休んだことになっている）に、神は「彼らに海の魚と、天《そら》の鳥と、家畜と、すべての地の獣と、すべての地の上に這うものとを支配させよう」と人間を造ったことです。ここから人間は万物の霊長として他の被造物の支配をまかされた「被造物の冠」と呼ばれます。これは自然の中で人間だけを特権的な存在とみなし自然の征服を当然のことと是認する西欧近代の人間観につながるものとして非難されます。しかし、バランスのとれた自然の秩序が神の支配の姿とすると、人間はそれに倣った支配を委ねられていることになります。果たして人間にできるのでしょうか。

(二)　神の似姿

神は「我々にかたどり、我々に似せて、人を造ろう」と言って人間を造ったとされます。これに対し人間は自分たちと同じ姿で神を想像し擬人神を信じるようになったとするのが常識です。フォイエルバッハは、宗教が元来人間の有している属性を抽象化し神のみが有する属性にしてしまい、人間はそれらを有していないと教え、人間を疎外された状況においたのだと主張しました。もしこうした考えをつきつけられたなら、旧約聖書記者たちはおそらく、「愚か者は心の中で言う、《神はいない》と」（『詩篇』五三・一）との一言をもって切り捨てたのではないかと思われます。ここではどちらかに賭けて以後の人生を送ることが求められるので、どうしてこちらに賭けるのかなどの理由づけはない、自分は神にとりこまれたのだとしか聖書記者は答えようがなかったのではないかと思われます。

㈢　原　罪

アダムとエバが禁断の木の実を食べたのは、人間が知恵を獲得すると同時に、神から離反した出来事とされます。以後人類は罪を犯す存在になったといわれます。特にキリスト教ではアダムとエバを通じてすべての人間が「原罪」の下に縛られていると主張します。旧約聖書ではこのような神学的用語は登場しませんが、神を忘れ、自分たちの知恵と能力を頼りに、本性的欲望のままに生きて行こうとした生々しい人間の生きざまを記録しています。勿論それだけではなく神を信じ、神に祝福される人生も描かれます。この原罪などというペシミスティックな人間観を自分自身の問題と真剣に受けとめる思想が、西洋思想の源流の一つとなったことは否定できません。

四 『詩篇』より

いささか抹香臭い宗教の紹介を続けてしまいました。だが旧約聖書を文学作品として味わう立場も許されるはずで、世界の文学に与えた刺激には計り知れないものがあります。ここで深入りはしませんが、例えばゲーテの『ファウスト』には、『ヨブ記』『コヘレトの言葉』の影が見え隠れしているといわれます。私はここで、『詩篇』からいくつかの詩を紹介したいと思います。既にのべたように、『詩篇』は、「バビロニア捕囚」以後再建された寺院での祭儀や典礼のために編纂されたいわば讃美歌であり、公共の性格が強い。しかし、中には個人の魂の声ともいうべき詩が含まれます。これらの詩は、人生航路での、喜び、悲しみ、苦悩など私たちの魂を揺さぶるものが多く見られます。ただし、常に神との関係が中心に置かれており、なにか煙たく近づきにくいこともたしかです。私の気になる詩をいくつか紹介して見たいと思います（以下の引用は岩波版『旧約聖書詩篇』松田伊作訳による）。

詩人は「神あり」とするか「神なしとするか」で争うことを一言のもとで拒否し、怒ります。

愚かな者は心の中で言う、

「神はいない」と。
腐った忌まわしい不正をかれらはしている。
善を行なう者がいない。

神は天から見下ろす、
ひとの子らを。
神を求める
聡き者がいるか、見るために。
みな　はずれ
いちようにけがれている。
善を行なう者がいない、
一人もいない。

（『詩篇』五三・二～四）

次は「神あり」とする義しい者と、逆の不正な者の結ぶ実を比喩的に語った詩です。

幸いだ、
不法者らの集いにゆかず
罪人らの道に立たず、

あざける者らの席に座らないで、
ヤハウェの律法をおのが悦びとし、
かれの律法を昼も夜も口ずさむ人。
彼はなる、水の流れのほとりに植え付けられた木のように、
その時に実を結び
葉もしおれぬ〔木のように〕。
そして彼の行うことはみな成功する。

不法者らはそうではなくて、
風の吹き散らす籾殻のよう。
それ故に、不法者らは裁きに、
罪人らは義人たちの集まりに　堪え得ない。
まことに、ヤハウェがご存じなのは義人たちの道、
しかし不法者らの道は〔おのずと〕滅びる。

（『詩篇』一・一〜六）

神に依り頼みながら罪を犯し、良心の呵責を訴える詩もあります。
私を憐れんで下さい、神よ、あなたの恵みにふさわしく。

あなたの豊かな慈しみにふさわしく、わが諸々の不義を拭い去って下さい。
いくたびも私を洗い清めて下さい、わが咎から。
わが罪から私を潔めて下さい。
まことに、わが諸々の不義は私が知っており、
わが罪は常にわが前にあります。
あなたに、あなただけに私は罪を犯し、
あなたの目に悪であることを私は行いました。
……
あなたがわが罪を除いて下さい、ヒソプで、私が潔まるように。
あなたが私を洗い清めて下さい、雪よりも白く私がなるように。
……

（『詩篇』五一・三〜九）

これと逆に、次の詩はヤハウェ神のもとでの平安を感謝します。

ヤハウェがわが牧者、私に欠けるものはない。
若草の牧場にかれは私をいこわせ、
憩い場の水辺に私をともなう。
わが魂をかれは回復させ
義の道筋に私を導く、

かれの名のゆえに。
暗黒の谷を
私が行くときも
私は災いを畏れない。
あなたが私と御一緒だから。
あなたの笞《しもと》とあなたの杖《つえ》、
これらこそ、私を励ます。
……

（『詩篇』二三・一～四）

と思うと、絶望の淵からの叫びを思わせる詩もあります。

わが神、わが神、なにゆえ、私をお棄てになったのか。
わが救いから、わが呻きの言葉から遠く。
わが神よ、昼私が呼んでも、あなたは答えず、
夜もまた私に沈黙はない。
……

（『詩篇』二二・二～三）

次の詩はエルサレムの神殿に詣でる時に歌われたとされますが、ヤハウェ神に拠り頼んで歩

む人生の旅人を連想させます。

私は目を挙げる、山々に向かって。
どこから来るのか、わがたすけは。
わがたすけは、ヤハウェから。
天と地を作った方から。
……
ヤハウェがあなたを護りますように、如何なる悪からも。
かれが護りますように、あなたの出入りを。
いまより　とこしえまで。

（『詩篇』一二一・一～八）

以上勝手にいくつかの詩を選んでみました。全く違和感を覚える人もいるでしょう。他方で、息苦しいまで真剣に、悩み苦しみ絶望に陥りながら、神を求め、信仰のうちに安らぎ、充ち足りた生命を体験する人生、絶望と信仰の交錯する人生、宗教なくしては満足できない人生に共感を覚える人もいるでしょう。その功罪は別にしてギリシア人の捉えたところとは異なる人間の一面が西洋思想の流れに遺産として遺されたことは確かです。

〔付記〕本章は、関根正雄『旧約聖書――その歴史・文学・思想』（創元社、一九四九年）に絶大なヒントを得ている。

Ⅱ　新約聖書の世界

一　キリスト教の誕生

紀元前七〜六年頃、ガリラヤのナザレという町の大工ヨセフの子として生まれたイエスは三十歳ころ、自分が神の子、預言者たちが預言してきたメシヤ（キリスト、膏を注がれた者、救い主）であるとの自覚を持ったと伝えられます。彼は、「天の国」が近づいたこと、自分を信じ、父なる神へのとりなしを願う者は救われることを説き始めます。不思議な力と魅力を備えた人物だったのでしょう。（福音書は病気を治すなどのかずかずの奇跡を伝えます。）ガリラヤ湖の漁師ペテロ以下十二人の弟子をはじめ、一時は何千人という民衆がその教えに感動して従います。中には彼がローマの支配からの独立を実現してくれる王となることを期待した人びともいたと伝えられます。しかしその教えは、地上の王国の実現ではなく、魂の救済でした。イエスは当時の上流階級で政治と宗教を掌中におさめていた祭司をはじめ律法学者、パリサイ派の人々を、敬虔な神への奉仕者と行い澄ましながら、じつは偽善者にすぎないと激しく攻撃し、真の信仰は貧しさの中で自分の罪に苦しみながら神の前に頭を垂れる人びとにあると説いたのです。また自分を「神の子」と称するのは冒瀆です。当然祭司たちからの怒りを買い、イエスの説く「天の国」に失望した民衆にも見離され、ついには十字架にかけられて殺されてしまいます。一方以前から自分の処刑が必然であることを知っていたイエスは弟子たちに、死んでから三日目に復活すると語っていたのです。イエスの捕縛と十字架を機に弟子たちはばらばらになってしまいます。ところが、三日目に復活したイエスに会ったという弟子たちがつぎつぎとあらわれます。そしてこの体験はイエスに従った人びとの間にひろがり、イエスは神の子で救い主（メシア、キリスト）だったのだという信仰が成立します。これがキリスト教と呼ばれる宗教の始まりとされます。

　その後イエスの弟子たちは熱烈な伝道を開始します。同時に使徒たちに対する迫害も激しくなります。なかでもパリサイ派の俊秀サウロ（後にパウロ〔小さき者〕と改名）はこの教えが神を冒瀆するものであるとして迫害を加え、石打の刑も容認します。ところがダマスコでのキリスト教徒狩りに行く途上で突然イエスの幻に遭い声を聞くという経験を境に百八十度転換、熱烈なクリスチャンに転向します。しかも「福音は、ユダヤ人をはじめ、ギリシア人にも、信じる者すべてに救いをもたらす神の力」であると信じたパウロは、ローマの市民権をもっていたので、世界伝道（地中海世界）に出かけます。当時の主要都市テサロニケ、エペソス、コリントス、アテーナイ、ローマなどで伝道をし、最後はローマで殉教したと伝えられます。また、本書第二部の初めに示した『聖書』の構成一覧の『新約聖書』でパウロ書簡と考えられるものをあげましたが、そこでパウロは人種や時代を超えて理解できるようキリスト教の教義を神学的に組織立てます。パウロが出なかったならばキリスト教は世界宗教とはなれなかったであろうといわれます。

ローマに入ったキリスト教は、貧しい人々、虐げられた人々の間に野火のように広まり、繰り返される激しい迫害の中、信者たちは無抵抗のうちに殉教して行きます。しかしかえって人びとの心を捉え、キリスト教がなければ人心を治めることができないまでになります。ついに三一三年、コンスタンティヌス大帝はキリスト教をローマ帝国の国教として公認します。以後のキリスト教は人種を超えて人々の心を捉え、今日では世界三大宗教の一つとなっています。

二　イエスのたとえ話より

二千年以上にわたって西洋思想に、キリスト教が大きな影響を与えてきたこと、現代でも世界的に無視できない働きをしていることは、否定できません。では一体、何が人びとの心に訴えかけ、人びとの心を捉えてきたのでしょうか。

まず、キリスト教の教義を、完全かつ完璧に述べている箇所として引用されるのは次の文章です。

神はその独り子を賜ったほどにこの世を愛されたのである。これはその独り子を信ずる者が一人も滅びず、永遠の命を持つことができるためである。

（『ヨハネによる福音書』三・一六、塚本虎二訳、岩波文庫、以下同）

人は神の独り子（イエス）を信じることによって滅びの道から逃れ、永遠の命を得ることができるように、この世を愛する神が独り子を贈ったというのです。門外漢にはチンプンカンプンですが、人が今のままでは滅びへの道を歩いている、イエスを信じることによって永遠の命が得られるという主張は汲み取れます。と同時に疑問が雲のように湧いてきます。特に今のままでは人が滅びに至るというのは何故でしょう。また永遠の命とは何でしょう。私なりに『新約聖書』とくに「福音書」を手掛かりにすこし考えて見たいと思います。

まず、今のままでは滅びに至るのは、人間は皆罪人だからだと言われます。では一体ここでいう罪とは何でしょう。イエスは神学的な議論をすることはなく、たとえ話により聞く人に直感的に訴えかける天才でした。例えば次の話は、私たちに罪の何であるかを感じ取らせてくれます。

エルサレムの神殿に二人の人物が詣でます。一人はパリサイ人で一人は徴税人です。徴税人はローマ帝国のために税金を同朋のユダヤ人から集めることを請け負います。しかもその際、請け負った額以上を徴収し私腹をこやしたと伝えられます。パリサイ人は「神様、わたしはほかの人たちのように泥坊、詐欺師、姦淫する者でなく、また、この税金取りのような人間でもないことを感謝します。私は一週間に二度も断食し、一切の収入の一割税を納めております」と祈った、これに対し徴税人は神殿に近づくこともできずただ自分の胸を打って「神様、どうぞこの罪人のわたしをお赦しください」としか言えなかった、というのです。イエスはこの徴税人のほうを神は信心深いとされたと語ります（『ルカによる福音書』一八・九〜一四）。

　私たちは、人間的にもこのパリサイ人に嫌悪をおぼえます。それはこの人物が、神に感謝の祈りを捧げているつもりで、傲慢に自分の信心深さを誇り、徴税人を見下し、差別をしている点にあると思われます。彼にとって神は飾りに過ぎません。一方徴税人は自分の罪咎に打ちひしがれて、神に赦してもらえなければ、生きてゆくことができないところまで追い詰められています。つまり、このパリサイ人は気付かずして自分の力を誇り、徴税人は神によりすがっているのです。ここに罪の自覚の有無が現れているのではないでしょうか。

　次は「放蕩息子のたとえ話」と呼ばれ、よく知られていると思いますが、紹介してみます。

　ある人に二人の息子があり、弟は父親に、財産の分け前を生前贈与してもらいたいと申し入れます。父親が分けてやりますと、弟は全部を金に換え、遠い国に行き放蕩三昧の生活を送り、金を使い果たしてしまいます。その頃その国に飢饉がおこり、食べ物にも困り、ある人に頼みこむと豚飼いをさせてくれます。しかし食べるものもなく、豚のえさにするイナゴマメでもと思いますが誰も恵んでくれません。と、その時放蕩息子は父親の家を思い出します。自分は天にも父に対しても罪を犯してしまったので、もはや息子と呼ばれる資格はない、雇い人として父親の家においてもらおう。息子は故郷を目指して、帰ってゆきます。一方父親は息子が帰ってくるのを遠くから見つけ、息子のほうへ駆け寄り抱きしめてキスをします。息子は父親の前にひれ伏し「お父さん、わたしは天の神様にも、あなたにも罪を犯しました。もうあなたの息子と言われる資格はありません…」と言いかけるや、父親は召使に命じて一番上等な着物、指輪、くつを息子の身につけさせ、仔牛を屠らせ祝賀会をひらきます。一方夕方、その兄が畑から帰ってくると、家からにぎやかな音楽や踊りの音が聞こえてくるではありませんか。兄は召使を呼び出して尋ねると、弟さんが帰ってきたので父親が喜んで仔牛を御馳走しているのだと伝えます。兄は怒って家に入ろうとしません。すると父親が出てきて兄を宥めようとしますが、兄は言います。「わたしは何年も何年もあなたに仕え、一度としてお言いつけにそむいたことはないのに、わたしには友人と楽しむために仔山羊一匹下さったことがただの一度もないではありませんか。ところがあなたの息子、きたない女どもと一緒に、あなたの身代をくらいつぶしたあれがかえって来ると肥えた仔牛を御馳走されるのはどういうわけですか。」すると父親が申したのです。「まあまあ、坊や、お前はいつもわたしと一緒にいるではないか。わたしの物はみんなお前のものだ。だが、喜び祝わずにおられないではないか。このお前の弟は死んでいたのに生きかえり、いなくなっていたのに見つかったのだから。」

（『ルカによる福音書』一五・一一〜三二）

このたとえ話はキリスト教の本質を告げるものと言われます。神とは息子を愛し気付かうこの父親のような存在とされます。弟はやんちゃで放蕩に身を持ち崩しますが、飢饉を機に父の所に雇い人でよいから置いてもらおうと帰郷する、と、父親はそれまでのいきさつを忘れ心から喜び歓迎する。一方兄は実にまじめ、品行方正、勤勉に忠実に父に仕えてきているのに、けがらわしいことをしてきた弟を父が歓迎するのを見てすねてしまう。この兄弟は二人とも私たちの心の真実をみごとにあぶり出してくれるのではないでしょうか。二人とも父から見れば罪を背負った人間なのです。しかし弟は自分の罪を後悔し無条件に父にすがってきた点で少しマシとされたのに対し、兄の方は折角これまで築き上げてきた信頼を裏切ってしまったといえます。私などは兄の心理状態が痛いほどわかります。しかしこの兄の心を動かしているものが罪であり、これを取り除いてもらうのが真人間になる道であるとイエスは告げたのだと、解することができます。

次は「葡萄畑の労働者のたとえ話」です。

ある家の主人が夜明けに市場に出かけ、労働者を一日一デナリの賃金の約束で、葡萄畑に雇う。九時ごろ市場に行ってみると、仕事に就けなかった労働者がいる。主人は葡萄畑で働くように誘う。ついで十二時ころと三時ころ行ってみるとやはり仕事につけなかった者たちが立っている。主人は再びかれらを雇う。最後に夕方五時ころ行ってみると、まだ仕事につけなかった労働者たちがいる。主人は日没まで働けるからと彼らも畑におくる。日が暮れて、主人は最後に来た者から賃金を払うよう監督に命じ、まず夕方の五時ころ来た者に一デナリを支払わせる。それを見て最初から働いた連中は内心喜ぶ。ところが支払われたのは皆一デナリ。朝早くから働いた者たちが不平を言う、自分たちは暑い日中働いたのに、最後の連中は一時間しか働いていないではないか。すると主人が答えます、「一デナリの約束ではなかったか……わたしはこの最後の人に、君と同じだけやりたいのだ。わたしのものを、わたしがしたいようにしてはいけないのか。それとも、わたしが親切をしてやったのが羨ましいのか。」

（『マタイによる福音書』二〇・一～一六）

実はこのたとえ話には前置きがあり、イエスは天の国はこれに似ている、と語っているのです。なんとも変な話です。働きに応じて賃金がもらえなければ、社会は成り立ちません。それを無視する主人は暴君と呼びたくなります。しかし、たとえば理想の福祉社会があるとすれば、人びとが「自分の能力に応じて働き、必要に応じて分配する」という原理を実践するのではないでしょうか。勝ち組が儲け、負け組が貧しさにあえぐのが当然、負け組に落ちるのは本人の責任、という風潮とは真っ向から対立します。果たして私たちは、弱い人、困っている人に対し、何のわだかまりもなく「必要に応じて分配する」ことができるでしょうか。天の国のイメージを思い浮かばせるたとえ話と言われるのに一理あるように思われます。

　さて以上、人間が皆罪人であるということ、しかも自分ではどうしようもないのだということに目覚めさせるたとえ話を紹介しました。どうもみみっちい、チマチマした心理状態にこだわりすぎているような印象を受けます。しかし、イエスは弟子達が手を洗い浄めないで食事をするのをパリサイ人や聖書学者が非難した時、「外から人の体に入る物で人を汚すことができるものは何もなく、ひとの中から出て来るものが、人を汚す」と言い切ります。そして後でこのたとえの意味を問うた弟子達に、外から腹に入った物は心の中に入ることなく、排泄されるが、人の心の中から出るもの「みだらな行い、盗み、殺意、姦淫、貪欲、悪意、詐欺、好色、ねたみ、悪口、傲慢、無分別など」で、これらこそ人を汚すのだ、と説明しております（『マルコによる福音書』七・一〜二三、『マタイによる福音書』一五・一〜二〇）。すなわち、罪は抽象的なものではなく、人間生活の中に諸悪を生み出す根源と考えられているのです。もし、真の平和、平安の実現を願うならば、まずその根源を断ち切らなければならない。

　これを真実と感得し、なんとかそこから逃れたいと願うのか、それともこれは勝手な妄想に過ぎないとしてひらきなおるのか、が問われます。さらにそこから逃れるには、自分の努力や修業によってそれが可能なのか、それとも無力なのかが問題となります。すくなくともキリスト教は、帰ってきた放蕩息子のように、父（神）に全身全霊でよりすがる他ないと教えます。人は神と隣人なくしては生きられないというのです。

ある時律法学者がイエスを試そうとして、どの掟が律法の中で最大なのかと尋ねた時、イエスは「心のかぎり、精神のかぎり、思いのかぎり、あなたの神なる主を愛せよ」が最大、第一の掟であり、第二は「隣の人を自分のように愛せよ」である、律法全体と預言書はこの二つの掟に支えられている、と答えます（『マタイによる福音書』二二・三四〜四〇、ちなみにこの句は旧約聖書『申命記』六・四〜五他と『レビ記』一九・一八の引用）。別の伝承によると、律法学者からこの答えを引き出し、イエスがこれを実行するよう勧めると学者が、「わたしの隣の人とはだれのことですか」と尋ねる、そこでイエスは「善きサマリア人」のたとえ話をしたことになっています。――旅の途中で強盗に襲われ半死半生になって倒れているユダヤ人を、通りかかった同国人の祭司や神殿に仕えるレビ人が見ぬふりをして道の向こう側を通り過ぎて行ったのに対し、ユダヤ人からけがれた民として交際を禁じられているサマリア人が通りかかり、しっかり傷の手当てをし、旅籠につれて行き、主人に金を渡し世話を頼み、不足分が出たら帰りに払うと言って立ち去った、という話です。強盗に襲われた旅人の隣の人となったのは三人のうち誰か、とイエスは最後に問います。（『ルカによる福音書』一〇・二五〜三七）このサマリア人のようにこころに重荷をもっている人の方が、無私無欲に謙虚にこころから相手を思いやり助けの手を差し伸べることができるのでしょう。神が求めているのはこのような人なのだということが弟子たちの胸に刻み込まれたことは確かでしょう。

次に、「永遠の命を持つ」とは、どういう教えでしょう。これは宗教の神秘的な教義で、アウトサイダーが云々すべき問題ではないかもしれません。しかし、そこで語られていることが、人間にとって重要な一面を明かしているとすればそれは何か、「人間観をたずねる」一環として謙虚に耳を傾けるべきでしょう。

さて、「永遠の命」と聞くと霊魂不滅とか死後の世界を連想します。ところが、『旧約聖書』では、神が自分を指すのにこの語を用います。とすると先ほど引用した『ヨハネによる福音書』の句は、神の命にあずかることができるようになる、ということになりそうです。実は「永遠の命」という言葉は特に『ヨハネによる福音書』に数多く登場し、他の福音書では二か所ずつしか出てきません。しかもその一つは平行記事で、金持ちの青年、あるいはパリサイ主義者がイエスに「永遠の命を受け継ぐには何をすればよいか」とたずね、イエスがモーセの十戒の「殺してはならない」以下を守るよう勧めるか、相手から「心のかぎり、精神のかぎり、思いのかぎり、あなたの神なる主を愛せよ」と「隣の人を自分のように愛せよ」との答えを引き出すかしています。これを見るとイエスに宗教改革の意識はなかったと断言できそうです。ただし、これらの掟を守っていると自負する金持ちの青年に、財産を全て売って貧しい人々に施し、全てを棄てて自分についてくるよう求め（『マルコによる福音書一〇・一七〜二二』）、「隣の人とは誰か」と問うパリサイ主義者に、前に紹介した「善きサマリア人」の話を語っています。この記事を見ると、イエスはモーセ以来の教えを空理空論ではなく、身近な日常生活の中で活かすことを求めており、なにも難しいこと、高邁な禁欲生活など要求しておりません。また彼岸について語ってもいません。

　ところでこの「永遠の命」に照応するのではないかと思われる言葉が、他の三福音書に見られます。それは「神の国」あるいは「天の国」です。イエスの伝道の最初の言葉は「時は満ち、神の国は近づいた。悔い改めて福音を信じなさい」であったと伝えられています。（マルコ一・一五。マタイ四・一七参照）そしてイエスは「貧しい人々は、幸いである、神の国はあなたがたのものである」（ルカ六・二〇。マタイ五・三参照）とか、「はっきり言っておく。徴税人や娼婦たちの方が、あなたたちより先に神の国に入るだろう」（マタイ二一・三一）と述べ、また「神の国」をからし種、パン種（マルコ四・三〇〜三二。マタイ一三・三一〜三五。ルカ一三・一八〜二一）、（先ほど紹介した）葡萄畑の労働者（マタイ二〇・一〜一六）にたとえます。どうも「神の国」や「天の国」は、彼岸の極楽浄土とは違うようです。勿論イエスはこの世の終わりに来臨し、裁きの座につくことを予言しています（マタイ二五・三一〜四六）が、その日と時間は神以外知らないゆえ、それが何時であってもよいように常に目を覚ましているよう弟子達に求めます（マルコ一三章、マタイ二四章、ルカ二一章）。つまり、遠い未来に終末があるのではなく、今が終末でもあるというのでしょう。

ある時パリサイ主義の人々が、神の国はいつ来るのか、イエスに尋ねたところ、「神の国は、見える形では来ない。『ここにある』『あそこにある』と言えるものでもない。実に、神の国はあなたがたの間にあるのだ」と答えたと伝えられています（ルカ一七・二〇～二一）これを見ても、「神の国」は彼岸にあるのではなく、今現在、イエスと顔を合わせている弟子達の間にすでに実現しているのだ、ということになります。では、どうしてそう言えるのでしょうか。『ヨハネによる福音書』を記したとされるヨハネには、書簡も伝えられており、彼がイエスから受け止めた「永遠の命」の実相を次のように語ります。

愛する者たちよ、互いに愛しようではないか。愛は神からであり、どんな人でも愛する者は神から生まれ、また神を知っている。……わたし達が神を愛したことではなく、彼がわたし達を愛し、その子をわたし達の罪のための宥めの供物として遣わされたそのことに愛があるのである。愛する者たちよ、神はこのようにわたし達を愛されたのだから、わたし達も互いに愛する義務がある。神を見た者は、いまだかつて一人もない。わたし達が互いに愛するならば、神はわたし達に留まっておられ、神の愛は私達の間で完全になるのである。わたし達が神に留まっており、彼もわたし達に留まっておられることは、彼がその霊をわたし達に分けてくださったそのことで、わかるのである。

（『ヨハネの第一の手紙』四・七〜一四、塚本虎二訳）

ここで繰り返される「愛」「愛する」はギリシア語で「アガペー」とその動詞となっており、これは新約聖書でイエスの説いた「愛」を指示するのに一貫して用いられるものです。ヨハネはこの「アガペー」が実現している時、人はまさに神の国にいるのだと宣言していると言えるのではないでしょうか。「アガペー」はキリスト教の中心におかれることになります。

　さて、全ての人は神の目から見れば罪人なるがゆえに、人はひたすら神によりすがって赦しを乞うと共に、今ここで互いに赦し合い、隣人愛をもって交わるところに、神の国が実現する、ということの教えは、中でも当時虐げられていた人びとの心をつかみ、信者がひろがってゆきます。前に紹介したパウロは次の言葉を、コリントスの信者宛てに書き送っています。

　もしも私が、人間の、そして御使いたちの言葉によって語りはしても、しかし愛《アガペー》をもってはいないなら、私は鳴り響く銅鑼か、あるいは甲高く鳴るシンバルと化してしまっている。またもしも私が預言をなし、さらにすべての奥義とあらゆる知識とをもってはいても、またもしも私が山々を移すほどのあらゆる信仰をもってはいても、しかし私が愛《アガペー》をもっていないなら、私は無である。たとえ私が、私のすべての財産を分け与えたとしても、またもしも私が、私のからだを焼かれるために引き渡しても、しかし私が愛《アガペー》をもってはいないなら、私は何の役にも立たない。

愛《アガペー》は――寛容であり、親切である――愛《アガペー》は。〔愛は〕妬まず、〔愛は〕自慢せず、高ぶらず、ふさわしくない振る舞いをせず、自分自身のものを求めず、苛立たず、悪しきことを企まず、不義を喜ばず、しかし真理を共に喜ぶ。〔愛は〕すべてを忍び、すべてを信じ、すべてを望み、すべてを耐える。……いまや、信仰、希望、愛《アガペー》、これら三つが存続する。しかし、それらのうちで最も大いなるものは、愛《アガペー》である。

（『コリント人への第一の手紙』一三・一～七、一三、岩波版、青野太潮訳）

歴史をたどると、ユダヤ教・キリスト教は唯一絶対神以外を拒否するため、激しく異教の攻撃、迫害、抹殺を繰り返してきたのも確かです。しかしイエスの説く教えの真髄は、愛のもとでの平和であり、迫害に対する無抵抗主義だったことも確かです。教会という組織ができあがった時、組織防衛のための権謀術数は必然的に生まれたのかもしれません。なお、十九世紀末の哲学者ニーチェは、アンチクリストと自認します。彼によればキリスト教は、奴隷の道徳・弱者の宗教、「背後世界論者」です。その説くところによれば、彼岸こそ真の世界であり、この永遠の世界にあこがれて弱者は此岸で禁欲的生活を送る、これに対しこの世で力を誇る強者はあの世で報いを受けねばならない、と教えるというのです。ニーチェとしては、苦悩に満ちていても身体を肯定し、常に新しい明日に向けて生を選び取って行く、生き生きとした人間の此の世での生きざまを否定する点が許しがたかったのでしょう。（但し大変複雑になりますが彼の激しいキリスト教批判も、実は彼なりのあるべきキリスト教が胸中にあって、現行のキリスト教会がちょうどイエスが批判した祭司やパリサイ派が力をふるっていた当時のユダヤ教と似たような過ちを犯していることを告発するものであった、とする解釈もあることを付け加えねばなりません。）

Ⅲ　トルストイのユートピア――『イワンのばか』

(1)　トルストイについて

『戦争と平和』『アンナ・カレーニナ』『復活』その他多くの作品によって世界的名声を博していた文豪トルストイ（レフ・ニコラエヴィッチ・トルストイ、一八二八〜一九一〇）は十九世紀最後の四半世紀から二十世紀初頭にかけては作家というより宗教的、精神的指導者として崇められ、尊敬され、世界各地から巡礼者の群れのように客人が訪問し、彼との会見にあこがれました。大げさにいえばその一挙手一投足、片言隻句が世界の注目の的となりました。レフ――語源はレオ、すなわちライオン――の名にふさわしい蓬髪と長い髭、謹厳実直な修道僧を連想させるその姿には、賢者、聖者、預言者の名を奉られたことを納得させるものがあります。しかし、ここに達するまでの彼の生涯、否、達してから死の瞬間に至るまでの生涯も、私たち凡人の想像を絶する激しいものだったことが明らかにされてきています。

レフ（以下ではトルストイと呼ぶことにする）は一八二八年八月二八日、モスクワの南約二百キロ、

モスクワ　トルストイ公園にて筆者撮影

トゥラ県の荘園ヤースナヤ・ポリャーナ（「森の中の明るいひらけた草地」）でニコライ・イリイチ・トルストイ伯爵の四男として生まれました。母はマリヤ・ニコラエヴナで名門ヴォルコンスキー公爵家の出です。ところがこの母はトルストイが二歳の時妹マリヤを産んだ直後他界してしまう。そこで同居していた祖母の遠縁の「タチヤーナおばさん」と母の召使で家政婦となっていたプラスコーヴィヤ・イサエーヴナがトルストイの母のかわりをつとめ愛情をそそぐことになります。さらに父ニコライがトルストイ九歳の時急死、残された五人の子供たちの後見人に父方の叔母オステンサーケン伯爵夫人がなりますが、この叔母も四年後に死去、もう一人の叔母カザン市のユシコーフ夫人の手にゆだねられます。両親の愛を十分に知らないトルストイにとっては五歳違いの長兄ニコライが父親役をはたしたようです。この兄は小さいトルストイに「ぼくには秘密にしていることがある、世の中の人がみんな不幸でなく、けんかもせず、病気もせずに、一生暮らすにはどうしたらいいかを発見したんだ。それを応用すれば、全ての人が幸福になり、皆が仲睦まじくなって、蟻の兄弟になるんだ。その秘密を《緑の杖》に書いて裏山に埋めてある」と話し、《蟻の兄弟》と名付けた遊びを一緒に遊んでくれます。あるいは後で述べるように、大学も中途でやめ、賭博や放蕩に走っていたトルストイに、この兄と一緒にカフカスへ行くことを思いつかせるなど、大きな影響を与えています。

カザン大学東洋学部アラブ・トルコ語科に再試験で入学したトルストイ（十六歳）は型にはまった大学の授業が肌にあわず中退してしまいます。その後ペテルブルク大学で大学卒業資格をとる一大決心をしますが、途中で試験がいやになり、放棄しています。一方、遺産分割でヤースナヤ・ポリャーナを選んだトルストイは、若い地主らしく理想の農村経営と農民（農奴）生活の改善に乗り出します。しかしこれも三か月で挫折、以後三年ばかり「迷走の生活」が続きます。トルストイという人物は、自分の生活を反省するや、理想を立ててそれを目指して実行不可能とも見える厳格な規則を自分に課す、と思うとすべての桎梏を打ち砕いてしまいたい激しい衝動に突き動かされるという超人的な生命力をもっていたようです。トルストイには霊と肉の葛藤が生涯つきまとっていた、と主張する学者もいます。但し彼はどのような場合でも、読書は欠かさず、それも例えばルソーを読むとすれば全著作を読破せねば満足できない、という読み方だったと伝えられています。

さて、トルストイ二十三歳を迎える年（一八五一年）の春、軍務についていた兄ニコライがヤースナヤ・ポリャーナで休暇をとった後、再び軍務に戻ることになった時、トルストイは兄についてカフカスへ行き、志願兵になります。と同時に、それまで少しずつ試みていた執筆の機が熟したように、トルストイの文学活動は本格化します。一八五二年『幼年時代』を完成、一八五三年クリミア戦争勃発に際し、愛国心からクリミア方面転勤を希望、セヴァストーポリ要塞転属になった機会に『十二月のセヴァストーポリ』（一八五五）、続いて同年『五月のセヴァストーポリ』、要塞陥落の現場を描いた『八月のセヴァストーポリ』を発表します。これらの作品は高評価をもって文壇に迎えられ、戦争終結を機にペテルブルグを訪れたトルストイは文学者グループの歓迎を受けます。彼らの空虚な言論になじめなかったものの、当時の青年たちの信奉する「人類の進歩発展」思想には共感を覚えたといわれます。

しかし一八五七年、初めての西ヨーロッパ旅行に出たトルストイは、ある日パリでギロチンによる公開死刑を目撃、大きなショックを受けただちにスイスに旅立ちます。ところがルツェルン湖畔のホテルの前でパーフォーマンスをしていた大道芸人に対するイギリス——進歩的と言われる国——からの旅行客の冷淡さを見てその差別意識に怒りを覚えます。この二つの経験はトルストイに進歩と呼ばれるものの実体に気付かせるとともに、死刑廃止、農奴解放、万人への愛の思想を根付かせたといわれます。そのくせ賭博好きの彼はルーレットで大金を失ったりしているのです。

帰国後トルストイは自ら農耕に従事し、新しい農地利用法や農耕機械導入などを提案しますが、農民（農奴）はついてきてくれません。ロシアの後進性は農奴制にあるとされ、時の皇帝アレクサンドル二世が形ばかりの農奴解放令を準備しているのを耳にしたトルストイは、土地の私有を認めない限り真の解放はあり得ない、このままでは「下からの革命」は避けられない、と警告します。その一方で彼は、近くの村の結婚している農婦と情交を続けたり、大好きな熊狩りで負傷したりしています。こうした間にも創作活動を続け、つぎつぎ作品を発表していたことはいうまでもありません。

一八五九年、ヤースナヤ・ポリャーナの屋敷内で、農民の子供たちのための学校を開設、創作活動の放棄を考えるほど、教育に熱中します。が、賭博熱も盛んで、ビリヤードで大損をしています。翌一八六〇年、再び西ヨーロッパ旅行に出発します。今回は先進国の教育施設の見学、教育事情の視察が主要目的です。なお結核で転地療養中の長兄ニコライを見舞い、その死に立ち会うことになり、心身共に大きな痛手を蒙ります。つぎの年に帰国したトルストイは、上からの農奴解放に不満を抱きながらも、農地調停委員に任命され委員を引き受けます。しかし農民側の立場に立った彼は、地主たちの反感を買い、間もなく辞任してしまいます。教育への情熱は、雑誌『ヤースナヤ・ポリャーナ』の発行、何本かの教育論文の発表に結実します。が、強制的に上から教え込む訓育を排撃する自由主義的教育は官憲の忌み嫌うところで、一八六二年体調不良で療養に出かけている間に家宅捜索が入り、学校事業は不可能になります。この年トルストイの身に他に二つの出来事がおこります。一つは、前借した原稿料をカルタ賭博ですってしまい、以後賭博をきっぱり止めたことです。（ドストエフスキーは生涯賭博を止めることができなかったことで有名です。）もう一つは、三十四歳の彼が宮廷医師ベルスの二女、十八歳のソフィアに恋をし、すばやく結婚したことです。この結婚を機にトルストイは、創作活動では一八六九年に六年かけた『戦争と平和』を、さらに一八七七年に三年かけた『アンナ・カレーニナ』を完結させます。教育では一八七二年に邸内で学校を再開、家族で子供たちを教え、『初等教科書』を作成します。妻ソフィアは、結婚当日、放縦な生活も包み隠さぬ過去の日記を夫に見せられたため、どん底につきおとされたようなショックを受けます。しかし、過去のことと自分に言い聞かせ、愛を信じ、夫の原稿の清書につとめ、また当時の女性としては珍しい家庭教師資格認定試験に合格していた彼女は、農民の子供たちの教育を手伝います。ちなみにトルストイは徹底的に推敲にこる作家で、ソフィアが夜のうちに清書した原稿に翌日すっかり手を入れ、それをまた彼女が一晩で清書しておく、という作業が繰り返されたことが分かっています。『戦争と平和』の書き出しには十五のヴァージョンが残されています。

ところで、著作に対する名声、賞賛が高まる真っ只中で、トルストイは人生の無意味さをおぼえ、この生から逃れたい気持ち、死への願望に駆られていたのです。四十歳を過ぎた一八七〇年頃に始まり十年近く彼は悪戦苦闘します。そしてついに、理性や科学的知識によって人生の意義は与えられない、むしろ一般の人々、大衆、全人類が理性によらないいわばやみくもに見える信仰によって人生の意義を認めていることに気付いた時、自分は霊的に目覚めることができた、と告白します。こうしてトルストイは、既存のキリスト教とは袂を分かちながら、しかし愛の神とイエスの教え（山上の垂訓）を中心に据えた彼独自のキリスト教信仰に到達します。同時に、当時の正教がキリストの教えから離れ、国家権力の手先になっていることを厳しく批判し、神学関係の論文を精力的に発表します。この間の苦悶、苦闘は、三年がかりで完成した『懺悔』（一八八二）に赤裸々に描かれており、批評家は、トルストイががらりと変わった、否、転向に至った「危機」の時代と名付けています。しかし、これまでも見てきたとおり、幼年時代からすでに彼の心の中で、死んだ母への憧れ、人間の死をめぐる嘆きと悲哀、それでもなお人間が生きていることの意味、「蟻の兄弟」遊びに見られる理想郷の予感などが無意識のうちに融け合っていたことが察せられます。また青年時代、放縦な生活に身を任せたと晩年に告白するものの、農地解放、農民の生活向上、農民の子弟の教育の試み、また西ヨーロッパ旅行では、後の反戦や万人への愛の思想を育んでいます。結婚から「霊的覚醒」までの十八年間、『戦争と平和』『アンナ・カレーニナ』をはじめ世界的名声を博した時代も、トルストイによれば「その期間の興味はすべて、家族に対する、財産をふやすということに対する、文芸上の成功およびあらゆる種類の満足をかちえようということに対する、エゴイスティックな配慮だけに限られていた」ということになります。しかし、これらの作品に登場する様々な人物たちの中に、真剣に人生の意義について悩む人物が必ず配されています。あるいは『アンナ・カレーニナ』の最終部第八篇が反戦的との理由により出版を拒否された一事を見ても確固とした思想、信条が背後に息づいていたことは確かです。

さてトルストイは、自分が真に理解したと信じるキリスト教を、例えば『わが信仰はいずれにありや』（一八七四）に発表しますが、それは正教会の欺瞞を批判・攻撃するもので、国の宗務院により出版を禁じられ、またソフィア夫人とのあいだの溝は決定的になっていきます。独自の信仰――トルストイ主義と呼ばれる――に到達したトルストイは、人間を超越していると同時に、すべての存在の基盤であり自分の中にも内在する愛こそ神である、その愛を実践することに人生の意義があり、具体的にはイエスの山上の垂訓の五つの戒め（マタイ五・二一～四八）につきる、と説きます。その五つとは、㈠怒るなかれ、㈡姦淫を犯すなかれ、㈢誓いをするなかれ、㈣悪によって悪に抗するなかれ、㈤人の敵になるなかれ、の実行です。彼は、自分がこれまで特権階級として農民の敵であったことを認め、全財産を人のために捧げる決心をします。自分のこれまで信奉してきた正教からの逸脱（夫は処女懐胎や復活を否定する）に胸を痛める夫人、多くの召使をかかえ、農業経営を実地に管理する（収支ともに一億円を越していたとされる）立場に立たされた夫人が夫に対して強い反発を抱きヒステリー症状を起こしたのも当然でしょう。とりまく信奉者にはトルストイの生活が矛盾していると責め立てる者もあらわれる。信仰の実践を求め、彼は何度か家出を決心しながら実行を中止していますが、ついに一九一〇年十月二十八日侍医をつれて家を出ます。殆ど無計画なこの旅は、主が車中で肺炎を発し、アスタポーヴォ駅（現在はトルストイ駅）の駅長宿舎で終焉を迎えます――トルストイ享年八十二歳。家出を知ったソフィア夫人は池に飛び込みあやうく助けられたものの、夫の伏せる宿舎にも入れてもらえず、建物の外から中をうかがう写真には胸が痛みます。夫人が入室を許された時にはすでにトルストイの意識はなかったのです。

　少々先走ってしまいました。霊的復活を実感した後のトルストイは、男女の愛・結婚・純潔の問題と取り組む一方（『クロイツェル・ソナタ』（一八八七～九一）他）、芸術のあるべき姿について、芸術史の研究を踏まえた論文を完成します（『芸術とは何か』（一八八九～九八））。特に芸術論では、以前の自分の作品を否定、芸術の目的はそれから受ける快楽・気晴らしにあるのではなく、「神の国、すなわちわれわれすべてに人間生活の最高目的と考えられている愛の国を建設する」ことにあるとの主張が打ち出されます。ただし、一八九九年に完成された『復活』（一八九五～九九）を見ても、この芸術論の実践をめざしたとされるものの、そこにこめられた社会批判、主人公の福音書による復活以上に、数多くの登場人物一人一人の心の動きをはじめその一挙手一投足にいたるまでの描写に、トルストイは芸術的本能の迸りを抑えることが不可能だったことも確かです。一九〇一年、国家機関の宗務院が破門を宣告、逆にトルストイは皇帝への書簡の形で、政府の圧政の実態を論じ、専制政治の撤廃、移住・教育・信仰の自由、土地私有の廃止を要求します。一九〇四年、日露戦争勃発に際しては、戦争反対の『悔い改めよ』をイギリスで出版、この論文は早速英独仏紙に転載され、日本では幸徳秋水、堺利彦による英語からの訳が『平民新聞』に掲載されます。一九〇五年、ロシア第一革命と呼ばれる「血の日曜日」事件が発生、トルストイはフランス革命に匹敵する世界的に重要な運動と評しながら、その目的が結局物質的満足に過ぎず、しかも暴力に暴力をもって対抗する矛盾を批判します。こうして最晩年に至るまで彼は、土地私有禁止、絶対的無抵抗主義、他人への愛を実現する真の宗教を世界に発信しつづけます。しかし、家庭内では、ソフィア夫人が自分を理解しようとせず生活も改めないことを怒り、激しく非難、いよいよ溝は深まり上に述べた終幕を迎えたのです。ソクラテスの妻クサンティッペと並んで悪妻とされていますが、超人的な生命力を噴出させるトルストイという大凧を大空に舞わせるにはソフィア夫人のような強靭な糸が必要だったといえるでしょう。ちなみに、真の宗教に目覚めた後、トルストイは結婚生活に於いて男女の精神的愛こそ追求すべきで、肉体交渉を禁じるよう勧めています。しかし実は、夫人に十三人の子供（うち五人は夭折）を産んでもらっているのです。

　さて、いささか生臭い話になってしまいましたが、自分たちに都合の良い面だけをとりあげ、聖者と尊崇される面にトルストイを閉じ込めてしまわぬためです。抜群の動物的生命力に突き動かされる一方、「人間いかに生きるべきか」を徹底的に追求する、その答えを見つけたと確信するやそれに向かって驀進する、動物的生命力はそれに満足することができずさらに高い地平を要求し周囲と衝突し妥協することができない――その点では不器用、しかしそれは誠実なるが故に他ならない、ここにトルストイの人間らしさと偉大さとが汲み取れるのではないでしょうか。

さて、本章では尽きせぬ作品の宝庫から一冊、『イワンのばか』を取り上げることにします。トルストイは「危機」から抜け出て、芸術に対する考え方が明確になってきた一八八五年前後、その理想を胸に民話群の執筆にとりかかります。これらは、既に農民学校の子供たちのために『アーズブカ』（ロシア語でのアルファベット）などの教科書をつくった経験が生かされ、子供から大人まで楽しめる読み物となっています。しかもどの作品にもそれぞれ、人間の生きるべき道についてトルストイが伝えたいメッセージが、手を換え品をかえこめられていて、そのくせ教訓臭さは一切感じられません。短編ながら細部にまで神経が行き届いたストーリーテリングの巧みさは抜群で、『戦争と平和』などの大作に劣らぬ芸術の香り高い傑作となっています。中でも、『イワンのばか』には、トルストイの全思想が渾然一体となって息づいていると言っても誇張ではなく、「人間観」につい考えさせてくれる恰好の作品と思われます。まず要約を紹介して見ます——登場人物のやりとりや一挙手一投足が生き生きと描かれているのに、その雰囲気が台無しになってしまうことを覚悟で。

(2)『イワンのばか』

――イワンのばかと二人の兄弟、軍人のセミョーンと太鼓腹のタラースと唖の妹マラーニャ、悪魔の親方と三匹の小悪魔の話――

（参照、金子幸彦訳、岩波少年文庫、一九五五年。北御門二郎訳、地の塩書房、一九八五年）

Ⅰ

むかし、ある国の、あるところに裕福なお百姓が住んでいました。このお百姓には三人の息子――軍人のセミョーン、太鼓腹のタラース、ばかのイワンと、おしの娘マラーニャがおりました。軍人のセミョーンは王様につかえ高い地位と領地を手に入れました。太鼓腹のタラースは町の商人のところではたらき、どっさりお金をもうけました。ばかのイワンだけが家に残り、妹と骨身を惜しまず働いていました。

　さて、軍人のセミョーンは貴族の娘と結婚しました。ところが、この奥さんがぜいたく好きなため、いくら高い給金をもらっても、いつもお金がたりません。そこでセミョーンは父親のところへ行って、言いました。

「お父さん、あなたは金持ちのくせに、わたしにはなにもくれませんでしたね。わたしにも財産を三分の一、分けてください。自分の領地に入れますから。」

父親は、息子が家のためになにもしてくれたことがないし、イワンと妹が気を悪くするだろうと、しぶります。セミョーンは、どうせばかなイワンと嫁に行くこともない妹になにがいるものか、と勝手な言い分。父親がイワンに聞くと、「なに、いいですよ、やってください」との返事。セミョーンは財産の分け前を手に入れると、また王さまに仕えるために出かけて行きました。

　太鼓腹のタラースは商人の娘を妻にしましたが、これが大変な浪費家、いくら商売で儲けても、いつもお金がたりません。そこで父親のところにやってきて言います。

「わたしにも財産を分けてください。」

家のものはみんなイワンが働いてかせぎだしたものだからと、父親はしぶります。タラースは、どうせばかなイワンと嫁に行くこともない妹になにがいるものか、と勝手な言い分。そしてイワンに向かって言います。

「なあ、イワン、おれに穀類を半分くれよ。それに百姓道具はいらないから、そのかわり葦毛の牡馬を一頭だけもらうからな。」

イワンは笑い出しました。

「なに、いいとも。わたしはまたはたらいて、うめあわせをするよ。」

タラースは分け前をうけとると町へ帰って行き、イワンは残された老いぼれの雌馬を使って百姓を続け父母を養うことになりました。

さて、この三人の兄弟が仲良く財産を分けあったのを見て、カンカンに腹を立てたのは悪魔の親方です。三匹の小悪魔を呼びつけて親方は命じます。

「おまえたちで出かけて行って、あいつらが互いに眼の玉をくり抜き合うくらい、三人の仲をかき乱してこい。」

小悪魔たちはとりつく相手をくじびきで決め、つぎに落ち会う日をきめて仕事にとりかかりました。

約束の日に集まった三匹の小悪魔は、仕事の進み具合を報告します。

第一の小悪魔が言いました。

「仕事はうまくすすんでいるよ。おれはセミョーンにむこうみずな勇気を吹き込んで、王さまに全世界を征服して見せると約束させたのさ。王さまはセミョーンを大将にして、インド王を攻めさせた。おれは、セミョーンの軍隊の火薬をすっかり水で湿らせておき、それからインド王のところへ行って、わらで、数え切れないほどの兵隊をつくってやった。セミョーンは攻撃をしかけたものの、あいつの兵隊たちは相手の数におじけづいてしまった。しかもセミョーンがうてと号令をかけたが、大砲も鉄砲もたまが出ない。兵隊たちは羊の群れのように逃げ出した。インド王は楽々と勝利をおさめ、セミョーンは財産没収、明日は死刑だ。あとは牢屋から父親のところへ逃げ出させてやるだけさ。」

第二の小悪魔も自慢しました。

「おれはまず、タラースの腹をますますふくらませ、欲張りにしてやった。タラースは人のものがなんでも欲しくなり、かたっぱしから買い占めをはじめ、有り金全部をつぎこんだ上に、いまや金を借りてまで買いこむ始末。だが明日は支払い期限、品物を馬の糞にかえてやれば、あいつは父親のところに転がりこむこと確実さ。」

ところがイワン担当の小悪魔が言いました。

「おれは、あいつの飲むクワスにつばをはきこんで腹が痛むようにし、畑もたがやせないように石のように固くしておいた。だが、あの馬鹿め、犂《すき》を持ってきて、ほりおこしはじめやがった。腹が痛くて、ウンウン言っているくせにやっぱりたがやしてやがる。犂の柄を折ってやると家に戻って新しい犂と柄をつけ、またたがやしはじめる。土の中にもぐって犂の頭を押さえようとしてもあいつが力まかせにのしかかってくるので、両手は傷だらけ。だからな、兄弟、いっしょにきておれを助けてくれ。もしあいつひとりに勝てなかったら、おれたちの仕事はみんなだめになってしまうぜ。あいつが百姓仕事をつづけるなら、兄弟どもは困らないですむ。あいつが二人をやしなってゆくからな。」

Ⅲ

さて、こちらはイワン。夏の間休ませてあった畑をなんとしてでもたがやしてしまわなければと、腹痛をがまんしながらすきかえしてゆきます。すると急に犂が木の根にでもひっかかったように動かなくなってしまいました。イワンが土の中に片手をつっこんでさぐってみると、何やら柔らかいものにさわる。つかんでひっぱりだすと、黒い木の根のようなものがぴくぴく動いています。よく見ると、それは小悪魔でした。イワンが犂の頭にたたきつけようとすると、小悪魔は泣き声を出して言います。

「どうか殺さないでください。そのかわり、何でもお望みのことをしてあげます。」

イワンがちょっと頭をかきながら尋ねます。

「おれは腹が痛いんだが、お前治せるか。」

すると小悪魔は、土の中から三つまたになった小さな根っこをほじくりだして、イワンにわたします。

「さあ、この根っこを一本飲めば、どんな痛みも治ります。」

イワンがひきさいて一本飲むとすぐ痛みが止まりました。

「では、もうわたしを見逃してください。土の中にもぐりこんで、二度と出てきませんから。」

そこでイワンが「神さまのおまもりをうけろ」と言いながら放すと、小悪魔はあっというまに水に落ちた石のように土の中に沈んでしまい、後には一つの穴だけが残りました。

イワンが畑を耕しおえ、家に帰って見ると、軍人のセミョーンが奥さんといっしょに晩の食事をしておりました。

「おれはお前のところでくらすつもりで来たんだよ。あたらしいつとめ口がみつかるまで、おれたちに食べさせてくれ。」

「なに、いいとも、うちにいなさい。」

イワンがテーブルにつくと、奥さんが、くさいにおいのする百姓といっしょでは食事ができないと言いだします。兄はイワンに言いました。

「家内がお前のにおいがいやだというんだがね、お前は入り口の部屋で食べてくれ。」

「ああ、いいとも。それに、おれはそろそろ馬を草場につれてゆこう――馬にもえさやらなくてはならんからね。」

Ⅳ

セミョーンをかたづけた小悪魔が仲間を助けにきてみると、どこにもその姿は見えず、畑に穴が残っているだけ。イワンが草刈りにとりかかるのを知った小悪魔は、草場に大水を出してぬかるみにしておきました。イワンが大鎌をふるって刈り始めるとたちまち刃が鈍って切れなくなってしまいます。

「一週間かかっても刈ってしまわぬうちはやめないぞ。」

と、家から研ぎ道具とパンをもってきて草刈りにかかります。小悪魔は草の間にもぐり込んで鎌のさきを土の中へつっこもうとします。しかしイワンが力任せに鎌をふりまわすので小悪魔は力まけがして、あやうくちかくの草むらにとびこみます。そこを大鎌がひとなぎ、小悪魔は尻尾を切り落とされてしまいました。草場を刈り終わったイワンが独りごとを言います。

「さあ、こんどは裸麦にとりかからなければならん。」

これを聞いた小悪魔がこんどこそとっちめてやるぞ、と翌朝畑に来てみると、すっかり刈り取ってあります。麦の粒がちらばるのを少なくするため夜の間にイワンが刈ってしまったのです。

「このばかめ、おれのしっぽをきりおとした上に、ひどくてこずらせやがる。戦に行ったたって、こんなひどいめにあったことはない！　あいつときたら、夜も寝ないんだから、どうにも手におえない！　よーし、つみかさねた麦のなかにはいって、すっかり腐らしてやるぞ。」

ところが小悪魔は、裸麦の束の間に入ってあたためているうちに、自分もあたたかくなって眠ってしまいました。そこに牝馬に荷車をひかせて、麦束を運ぶために妹とやってきたイワン、フォークで麦束をつきさして車に積みはじめます。三度目にイワンが、フォークを持ち上げてみると――その先に生きたままの、尻尾のちょん切れた小悪魔がささっていて、もがいたり、体をよじったりしながら、なんとか逃げようとしています。

イワンがそのまま畝にたたきつけようとすると、小悪魔がたのみはじめます。

「ゆるしてください、もうしません。なんでもお望みの事をしてあげますから。」

「なにができるんだ？」

「どんなものからでも兵隊をこしらえてあげます。」

「兵隊なんかなんの役にたつんだ？」

「なんでも好きなことに使えます。」

「歌もうたえるかね？」

「うたえますとも。」

「では、こしらえて見せろ。」

「まず、麦の束をとって、それを地面に立てて、ゆすぶりながら、こう言えばいいんです。『わしの家来のいいつけだ。麦の束ではなくなって、わらの数だけ兵隊になれ』とね。」

言われた通りにやってみると麦の束は兵隊になり、太鼓をたたき、ラッパをならします。イワンは喜びました、「これは、女の子たちをよろこばすのにちょうどよい。」

これで勘弁してほしいとたのむ小悪魔にイワンは言います。

「いや、おれは古いわら束でやることにする。あたらしい束だと、麦がむだになる。ところで、こいつをまたもとの束にもどすやりかたを教えてくれ。」

「こういえばいいのです。『兵隊の数だけわらになれ。わしの家来の言いつけだ、もとのとおりの束になれ』ってね。」

兵隊が麦束にもどったのをみてイワンは、フォークから小悪魔をひきぬき、「神さまのおまもりをうけろ」といって放します。神さまということばが口にされるやいなや、小悪魔はあっというまに水に落ちた石のように土の中に沈んでしまい、後には一つの穴だけが残りました。

　イワンが家にもどると、借金を踏み倒して父親のところに転がり込んだ太鼓腹のタラースが、奥さんといっしょに食事をしていました。

「おい、イワン、おれはまた手広く商いをはじめるつもりだが、それまでおれと家内をやしなってくれよ。」

「ああ、いいとも、うちにいなさい。」

イワンがテーブルにつくと、奥さんが汗臭いばかと食事はできないと言います。タラースが言いました。

「イワン、お前はいやなにおいがする。入り口の部屋で食べてくれ。」

「ああいいとも、そろそろ馬を草場につれてゆくところだからな、――馬に草をくわせてやらなけりゃ。」

V

　タラースを片付けた小悪魔がイワンのところにきてみると、仲間の姿は見えず、畑に一つ、裸麦の刈り跡に一つ穴があいているだけ。一人残った小悪魔は、「仲間に災難が起きたらしい、おれがかわりになってあのばかをやっつけなくちゃ。」イワンを探すと、森で木を伐っています。二人の兄が新しい家を建てるよう命じたのです。木と木の間の空き地に倒れるよう、根元に切れ目を入れ反対から伐り倒すのですが、小悪魔がじゃまをしたので見当違いの木の間に引っ掛かってしまいました。イワンはてこをこしらえ、木の向きをかえ、やっと伐り倒します。つぎの木も、同じでした。十本も伐り倒さないうちに背中が痛くなって力が出なくなったイワンはおのを幹に打ち込んだまま、腰をおろして休みました。小悪魔は、いよいよ馬鹿がへたばり、そろそろやめるだろう、ちょいと一服、と木の枝にまたがって喜んでいました。と、そのときイワンは突然たちあがり、おのをひきぬくや反対側から力いっぱい幹に切りつけたので、木はメリメリと音を立てて傾きはじめ、一気に倒れてしまいました。不意を突かれた小悪魔は、足を折れた枝の間に挟まれてしまいました。

　枝を伐り払おうとしたイワンはまた小悪魔をみつけてびっくり、

「こいつなんてけがらわしいやつだ！　また出てきたな。」

イワンはおのをふりあげ、みねうちにしようとします。

「どうか殺さないでください。なんでもお望み通りの事をして差しあげます。」

「どんなことができるんだ？」

「お金をいくらでも、ほしいだけ、こしらえることができます。」

「そうか、ではこしらえて見せろ！」

「このかしわの木から葉をむしりとって、両手でもんでごらんなさい。金貨がバラバラ地べたに落ちますから。」

イワンが木の葉をとって手でもむと、ほんとうに金貨がバラバラ落ちてきました。

「これはひまなとき子どもたちと遊ぶのにいいな。」

イワンは小悪魔を枝の間から引きだし、「神さまのおまもりをうけろ」といって放してやりました。ところが、神さまということばが口にされるやいなや、小悪魔はあっというまに水に落ちた石のように土の中に沈んでしまい、あとには一つ穴だけが残りました。

Ⅵ

家が建って兄弟はべつべつにくらしはじめました。畑仕事が一段落したイワンは、ビールをつくりごちそうをしようと兄たちを招きましたが、二人は百姓の宴会なんかばかにして出てきません。イワンは百姓や女たちにごちそうして、自分でも飲み、ほろ酔い気分。自分をほめる歌をうたってくれたら、すてきなものをあげると言いだします。女たちは笑いながらイワンのためのほめ歌をうたい、「さあ、おくれ」と言いました。するとイワンは種まき箱を持って森の方へ走って行きます。みんながばかにして笑っていると、もどってきたイワンは箱の中身をまきはじめました。なんとそれは金貨だったので、うばいあい、ひったくりあいの大騒ぎ。もっと欲しいという連中にむかって、またこんど、それよりみんなで歌ったり踊ったりしようとイワン。歌や踊りがはじまると、どうもあまりおもしろくないねとイワンは言い、納屋に入って、麦束を兵隊に変え、音楽と歌を命じて通りを行進させたので、百姓たちはびっくり。気が済むだけ歌わせるとイワンは、だれもついてこないように言い、納屋で兵隊を麦束に戻し、うまやに入って寝てしまいました。

Ⅶ

つぎの朝、昨日の話を聞きつけたセミョーンがイワンのところにやってきて、兵隊をどうしたのかたずねました。なんでそんなことを聞くのか不思議がる弟に兄が答えます。

「兵隊があったら、なんだってできるんだよ。国をひとつ手に入れることだってできるんだぜ。」

「そうかね、どうしてもっとはやく言わなかったんだね？　いくらでも、ほしいだけ、こしらえてあげるよ。いいあんばいに、妹とふたりで、たくさん、わらをこしらえておいたから。」

イワンは兵隊たちをちゃんと村から連れて出てゆくよう約束を取り付けたうえで、野原がいっぱいになるくらい麦の束から兵隊をつくってやりました。満足したセミョーンは兵隊を集め、ならばせて、いくさに出かけて行きます。イワンは、また入り用だったらとりにおいで、と送り出しました。

するとすぐにタラースがやってきて弟にたのみこみます。

「おい、お前はどこから金貨をとってくるんだね？　話してくれよ。おれにそんな自由になる金があったら、その金で、世界じゅうの金をあつめて見せるんだがなあ。」

「へえ！　そんならはやく言えばいいのに。いくらでも、ほしいだけ、もみ出してやるよ。」

イワンは兄を森につれてゆき、かしわの木から葉をむしりとると手でもんで金貨に変えます。金貨をたくさんもみだしてもらったタラースは、荷車につんで、商いをするためにでかけて行きました。イワンは、またいるようならとりにおいで、と送り出します。


　さて、軍人のセミョーンは手に入れた兵隊をつかって国をせめとり、太鼓腹のタラースは手に入れた金を元手に大儲けをしました。二人はあるとき顔を合わせるとたがいに悩みをうちあけます。セミョーンは国を手に入れて暮らしはよくなったが、兵隊を養うのにも金がいる、タラースは山ほど金をもうけたが金の番をするものがいないので不用心でしかたがない。そこで二人はイワンの所へ行き、兵隊と金を作らせることにします。ところがイワンはかぶりをふりました。入り用になったら作ってくれると約束したではないかと責めても頑として頭をたてにふりません。セミョーンの兵隊どもが村の女の夫を殺したというのです。

「おれは、兵隊なんて歌をうたうだけのものとばかり思っていたのに、あいつらは人を殺したんだ。もうこしらえてやらないよ。」

また、タラースの番頭が金貨三枚差し出すと、ミハイロヴナが牝牛を渡してしまったので、子供たちは牛乳が飲めなくなってしまったというのです。

「おれはおまえが金貨をおもちゃにするんだとばかり思っていたのに、おまえは子どもたちから牛をとりあげてしまったじゃないか。もうつくってやらないよ。」

二人の兄はしかたがないので、国、兵隊、金を半分ずつに分けあい、兵隊を養う金と金の番をする兵隊をそれぞれ手に入れました。

Ⅷ

イワンはあいかわらず、おしの妹と一緒に畑仕事をし、老父母を養っていました。ある日、すっかり年とった飼い犬が病気でいまにも死にそうになりました。イワンはパンを食べさせてみようとしますと、帽子の穴から、小悪魔から貰った木の根が一本落ちました。それを食べた犬は急にとびあがったり、ほえたり、ふざけたり、しっぽをふったりしてすっかり元気になったのです。イワンはどんな病気でも治せる木の根のことを家族にうちあけます。

丁度その頃、国の王女が病気になったので、王さまが国中におふれを出しました。姫の病気をなおしたものに褒美をとらせる、また独身だった場合は姫との結婚を許す、というのです。これを聞いたイワンの両親は例の木の根で王女の病気をなおして差し上げるよう勧めます。立派な服に着替えさせられたイワンが出かけようとすると、家の戸口の階段で、手の曲がった老婆が待っていて、手をなおしてくれるよう泣きつきました。可哀そうに思ったイワンは最後の一本の木の根を与えてしまいます。手がすっかりなおった老婆は大喜びですが家の者は、木の根をなくしてしまってどうしてお姫様の病気がなおせるのか、お姫様を可哀そうに思わないのか、とせめたてます。ところがイワンはそのまま馬車を走らせ宮殿の前にのりつけました。

　イワンが階段に一歩足を乗せるか乗せないうちに姫君の病気はなおってしまいました。イワンのおかげと知った王が、立派な着物や飾り物をおくり、娘と結婚するようすすめると、「ああ、いいですよ」との返事。間もなく、王さまがなくなったので、イワンは王位につきました。こうして三人の兄弟は国を治めることになりました。

Ⅸ

　軍人のセミョーンは幸せに暮らしています。わらの兵隊のほかに新しく兵隊を集め訓練しました。自分にさからうものには兵隊をさしむけて自分の思い通りに物事をはこび、欲しいものがあれば兵隊をさしむけてとりあげさせ自分のものにするのです。

　太鼓腹のタラースも思い通りの生活を送っています。自分の金は大事にしまいこみ、人頭税をはじめ通行税、履物税などなにでも税金をかけて国民から金をとりたてためこみます。自分の欲しいものは何でも手に入ります。人々は金に困っているので、金さえ払えば物をもってくるし、働きにくるのです。

　イワンのばかの暮らしも悪くありません。前王のとむらいを済ませると、イワンは王の着物を脱ぎ棄て、百姓の着るルパーシカ、ももひき、わらじで身ごしらえをして、畑仕事にかかりました。大臣が給与を支払うのに金がないといえば、「なければ、はらわなくてもよろしい」、それではみんなつとめに来なくなるといえば、「ああ、いいとも。つとめにこなくたっていいさ」と言う具合。金を盗られたと訴えた者に「そうか、よしよし！　つまり、金がいり用だったんだろう。」お妃が「あなたのことをばかと言っています」と注意しても「そうか、よしよし！」

お妃はさんざん考えたすえ、「糸は針のゆくところへついてゆかなくてはならないのだから！」と言うと、お妃の着物をしまい、野良着にきかえ、おしの妹のところに仕事を教わりに行きました。イワンの国からかしこいひとはみな逃げ出し、ばかだけがのこりました。金はだれももっていないが、達者で暮らし、はたらいて、自分をやしない、心のやさしい人たちにも食べさせてやるという生活です。

X

悪魔の親方は小悪魔たちが三人の兄弟をおちぶれさせたという知らせを、いまか、いまかと待っているのに何の知らせも来ません。ついにみこしをあげ、探し回ってみると、見つかったのは地面にあいた三つの穴。さらに探してみると、なんと三人の兄弟はべつべつの国で達者に暮らし、しかも王さまになっています。すっかり腹をたてた悪魔の親方は「よし、おれが自分で仕事にかかるとしよう。」

まず親方は将軍にばけて、セミョーンのもとへ出かけ、軍人としての王の名声にあこがれ、仕えるためにやってきたと近づきました。気にいってめしかかえることにしたセミョーンに、将軍は提案します――まず国中の若者を兵隊にとり軍隊を増強すること、一度に百発も弾《たま》のとびだす新しい鉄砲や、すべてを焼き尽くす火を噴く新式の大砲を製造すること。軍備をととのえたセミョーンは、早速隣国を攻めとってしまいました。気を良くしたセミョーンは、つぎにインド王の攻撃にとりかかります。ところが噂を聞いたインド王は、女たちまで兵隊にとって軍隊を増強、同じような鉄砲や大砲を造らせたばかりではなく、空を飛べる工夫をし、空から爆弾をおとす計画をたてたのです。セミョーンが戦をしかけるや、インド王は女たちを空に飛ばせて、相手の弾《たま》がとどくまえに爆弾を空からばらまかせました。女たちは、あぶら虫に薬をまくようにセミョーンの軍隊の上に爆弾をまきはじめたので、セミョーンの軍隊はちりぢりになって敗走。なんなくインド王はセミョーンの国をとりあげ、セミョーンはあてどもなく逃げて行きました。

　セミョーン王をやっつけた悪魔の親方は、今度はタラース王の国に住み込み、商売を始めました。この商人はどんな品物でも高値で買い取るので、国中の者がお金を手に入れようとそこにおしかけます。金を手に入れた国民は、借りた金を返し、税金も決められた日までにきちんとおさめるようになりました。タラース王は、この商人のおかげで金がどんどんたまり、暮らしもよくなるぞ、と大喜び。そこで、タラース王は宮殿を建てることにしておふれを出します。ところが、石材も木材も人も集まりません。商人のほうが王よりずっと高い金を出すのでみんなそちらに流れてしまったのです。工事は中途で立ち往生、以後は王が何か手に入れようとしてもすべて商人に買い占められてしまい手に入りません。そのかわりタラース王のところには人々が商人から受け取った金を税金としてもってくるので、金はたまる一方で、しまい場所に困るくらい、しかしタラース王の暮らしは不自由なことばかり。腹を立てたタラースは、商人を国の外に追い払いますが、商人はタラースの国の境のすぐそばに店を開いたので、全然状況は変わりません。ついには食べるものまで王の手に入らなくなりました。そこにセミョーンが、助けを求めてやってきました。だがタラース王もどうにもならなくなっていたのです。「もう二日も、おれはなにも食べていないんだよ。」

XI

二人の兄を片付けた悪魔の親方は、イワンの国にやってきました。将軍にばけた悪魔は、イワン王に軍隊をつくることを勧めます。できるだけ歌がうまく歌えるようにとの注文をうけ親方は、ウォートカと赤い帽子をやるからと兵隊を募集しますが、だれもなりてがありません。酒は自分たちでつくっているし帽子なんておかみさんたちがつくってくれるからいらないのです。そこで悪魔の親方は、兵隊にならなければ死刑にするとのおふれを出します。しかし、兵隊にゆけばいくさで殺されることがあるかもしれないとの話を聞いたばかたちは、イワン王のところに行ってたずねます。

「将軍がやってきて、わたしたちみんなに命令するのです。もし兵隊にゆけば、いくさで殺されるかどうかわからないけれど、兵隊にゆかなかったら、イワン王がきっと死刑にする、と言いましたが、これはほんとうですか？」

「どうして、おれがひとりで、おまえさんたちをみんな死刑にすることができよう？　おれがばかでなかったら、よくわかるようにはなしてやるのだが、おれは自分でもわからないんだよ。」

「そんなら、わたしたちは兵隊にゆきませんよ。」

「ああ、いいとも、ゆくのをよしなさい。」

こうして自分の思い通りにならなかった悪魔の親方は、イワンの国に金はないが、麦でも家畜でも物はたくさんあるとタラカン（あぶら虫）王をそそのかし、国を攻めとらせようとします。タラカン王が戦をしかけてきたと聞かされたイワンは言います。

「ああ、いいさ。くるなら、こさせておけよ。」

タラカン王が国境を越えて偵察させてみても、軍隊の姿は見えません。そこで村々に攻め入らせると、兵隊をみて男も女もただびっくりして眺めているだけ。麦や家畜をとりあげようとすると全然逆らおうとしません。ついには

「おまえさんたちの国が暮らしにくかったら、わしらのほうへ、すっかり引っ越してきなさい。」

と勧める始末。兵隊たちはタラカン王に、ここではいくさができない、どこか別のところへやってくれと泣きつきます。王は怒って、村々を荒らし、家も麦も焼き払い、家畜も皆殺しに

するように命じます。兵隊たちが命令を実行すると、ばかたちは、男も女も老人も子供も、手向かいしないで泣くばかり。

「どうしておまえさんたちは、わしらをひどいめにあわせるんだね？　なんだって物をむだにこわしてしまうんだね？　いり用なら持って行けばいいのに。」

兵隊たちはなんだかいやな気分に襲われ、もはや先に進むこともできず、軍隊はばらばらになって、どこかへ行ってしまいました。

XII

軍隊で失敗した悪魔の親方は、きれいな服を着ただんなにばけてイワンの国に住み込みました。

「わたしはおまえさんたちに知恵をさずけて、お役にたってあげたいと思う。わたしはここに家を建てて、工場もつくるつもりだ。」

「ああ、いいですとも。おやりなさい。」

「おまえさんたちは、豚のような暮らしをしている。わたしが、おまえさんたちに、ほんとうの暮らし方をおしえてあげよう。ひとつここにある図面のとおりに、わたしの家を建ててくれないか。おまえさんたちは、働いてくれればいいのだ、わたしが指図するから。お礼には金貨を払ってやるよ。」

そしてみんなに金貨をみせます。金貨を見たことのなかったばかたちはびっくり。イワンの国には金というものがなく、物と物をとりかえたり、働いて返したりしていたからです。「これはいいものだ」と、みんなはきれいな服を着ただんなから金貨をもらうかわりに、物をやったり、働いたりしはじめます。親方はどしどし金貨を出し、人々もいろいろな物を持ってきたり、いろいろな仕事をしたりして金貨ととりかえます。悪魔の親方は、これで仕事はうまくゆくぞ、タラースとおなじようにおちぶれさせてやれる、とホクホクです。

　ところが、ばかたちは金貨をたっぷり手にいれると、もはやだれも金貨を欲しがらなくなったのです。みんなは金貨を、女たちの首飾り、娘たちの髪飾り、子どものおもちゃにしています。だんなの家は半分もできあがらず、麦も家畜も蓄えができません。だんなは、品物をもって来るよう、また働きに来るよう、そうすればどっさり金貨を出すとの知らせを出しましたが、だれも見向きもしません。ついに食べる物さえなくなっただんなは、買い物に村へ出かけます。でも何かを買おうと金貨をさしだしても、村人は受け取ろうとしません。ある百姓の家をのぞいて、パンがほしいと言いますと、「金はいらないよ。だがもし、キリストさまのために、めぐんでくれと言うんなら、ちょっと待ちなさい、家内にひときれ切らせるから。」　悪魔は唾《つばき》をはいてその家から逃げ出しました。どこへ行っても金ではなに一つ手に入りません。だれもかれも、「なにかほかのものを持ってきなさい」とか「働きにきなさい」とか「キリストさまのためにめぐんであげよう」と言うのです。悪魔の親方はカンカンに怒ります。

「金貨で払うと言うのに、その上なにがいり用なんだ？　おまえさんたちも金貨さえ出せばなんでも買えるし、どんなはたらき手でも雇えるんだぜ。」

しかし、ばかたちは聞こうとしません。

「いや、いらないよ。おれたちには、金をはらったり、税金をおさめたりすることがないんだから。金なんかもらっても、仕方がないんだよ。」

ついに悪魔の親方は晩めしぬきで寝る始末。この噂はイワンの耳にも入り、人びとは王に相談します。

「どうしたものでしょう？　わたしどものとこへ、きれいな身なりのだんなが来ました。うまいものを食べたり、飲んだり、ぜいたくな身なりをするのが好きで、働くことはきらいだし、キリストさまのめぐみをうけることもしないで、ただ金貨ばかりみんなによこすのです。みんなも前はそれをもらって、かわりにいろんなものをやっていましたが、いまではもうたくさんたまったので、だれもやろうとしません。このだんなを、どうしたらいいもんでしょうか？　うえ死にしなければいいが。」

イワンが言います。

「そうか、よし。それはやしなってやらなくてはなるまいな。羊飼いのように一軒ずつまわらせるがいい。」

仕方なく悪魔の親方は一軒ずつまわることになりました。

ある日イワンの御殿が順番にあたりました。悪魔が食事に来てテーブルに着こうとしたとき、おしの妹が悪魔の手を調べるやいなや、かなきり声をあげて悪魔をテーブルから追い立てました。その手にはまめがなかったのです。これまでよく、なまけ者が働きもしないで、早くテーブルについてかゆをみんな食べてしまったことがあり、妹はなまけ者を手で見分けることにしていたのです。イワンの妃が言いました。

「どうか悪く思わないでください、うちの妹は手にまめのない人は、食事の席につかせないことにしているのですから。すこしお待ちなさい、みんなが食事をすませたら、残ったものをあげますから。」

豚とおなじあつかいに腹をたてた悪魔の親方がイワンに言います。

「人間がみんな手ではたらかなくてはならないなんて、あなたの国には、ばかげたきまりがあるんですね。それはね、あなたがたがばかだから考え出したのですよ。人間は手だけではたらくものでしょうかね？　あなたはかしこい人間がなんではたらくと思っているんですか？」

「おれたちのようなばかな人間に、そんなことがわかるものかね。おれたちは、たいてい手や背中ではたらこうとするんだがね」とイワン。

「それはあなたがたがばかだからですよ。わたしが頭ではたらくことを教えてあげましょう。そうすれば、頭ではたらくほうが、手ではたらくよりも、とくだということがわかるでしょう。しかし、頭で働くのは楽ではありませんぞ。あなたがたは、わたしの手にまめがないからと言って、食事をさせてくれないけれど、頭で働くほうが百倍もむずかしいってことは知らないんですからな。ときによると、頭がわれそうなほど、痛むことだってありますからな。」

すっかり感心したイワンは、国中におふれを出しました――きれいな服を着ただんながあらわれて、みんなに頭ではたらくことを教えてくれる、頭を使うほうが、手を使うよりも、もっと仕事ができるということを教えるから、みんな習いにくるように。

　イワンの国に物見台になっている高いやぐらがありました。イワンはみんなから見えるよう、きれいな服を着ただんなをそこへ連れて行きました。だんなは早速話し始め、ばかたちは手を使わないで頭で働く方法を実際に見ようとやぐらの下に集まります。ところが悪魔の親方は、どうしたら働かないで暮らせるかを口先で教えるだけ、ばかたちはなにひとつわかりません。しばらくするとみんな仕事にもどってしまいました。それでも親方は物見台からしゃべりつづけています。ときどき一人二人、だんなが頭で働きはじめたかどうか見に来ますが、だれも塔の上に食べ物を持って行ってやることは考えつきません。空腹を我慢しながら立ってしゃべりつづけていた悪魔の親方は四日目になると力が弱ってきて、よろめいて物見台の柱に頭をぶつけました。それを一人のばかが目撃、お妃に知らせます。お妃はイワン王のところにかけつけて告げます、「さあ、行ってみましょう。あの人が頭で働きだしたそうですから。」

　二人がやぐらのところに来てみると、だんなはよろめきながら頭を柱に打ちつけています。イワンがもっと近づいたとき、だんなはつまずいて倒れ、真っ逆さまになって、やぐらのはしごを頭で一つ一つ数えるようにたたきながら落ちて来ました。

「いやはや、あの人の言ったことはほんとうだ。頭がわれそうにいたむことがあるということだったが、あれでは、まめどころの話じゃない。こんな働き方をしたら、頭にこぶができるだろうな。」

悪魔の親方は、はしごのしたまで落ちて頭を地面につっこみました。イワンがそばによってみると地面に穴がひとつ残っておりました。

「やっ、なんて、けがらわしいやつだ！　またあいつだな。きっとやつらの親分だろう――これはすごい！」

イワンはいまでも生きていて、たくさんの人がその王国へおしかけて来ます。ふたりの兄も来たので、イワンは兄たちを養っています。だれかが来て、「わたしらを養ってください」と言うと、「ああ、いいとも、暮らすがいい。おれたちのところには、なんでもどっさりあるから」と答えます。ただひとつこの国にはしきたりがあって、手にまめのある者は食事の席につかせてもらえるが、まめのない者は、ひとの残りものを食べなければならないのです。

（この再話は、テレビ紙芝居と銘打って、この物語の紙芝居や挿し絵をデジカメで撮り、大型テレビに映して読み語りをした際のものである。）

(3)　トルストイのユートピア

先ほど『イワンのばか』には、トルストイの全思想が渾然一体となって息づいていると言っても誇張ではないと紹介しました。この点に注意を向けながらこの作品を振り返ってみます。

さて私見によれば、『イワンのばか』全体の底流となっているのは、病める現代社会に対するトルストイの批判です。と同時にその病根の診断とそれに対するトルストイ独自の処方箋の提示です。

まず文豪の診断とは――病める現代社会の病根は、弱肉強食が人間のおかれている自然の姿であり、他に食われることなく生存競争に勝つためには力の獲得こそ不可欠であるという信念、否信仰に人びとが取りつかれているところにある。その際、頼りになる具体的な力とは、一つが武力、もう一つが金（富）の力である。しかしこれらは悪魔の申し子に他ならない、というものです。これは決してあからさまに語られてはいません。もう少し物語に即して見てみましょう。

軍人のセミョーンはまさに武力の信奉者です。武力を手に入れると、人間は自分が偉大であり、他の人びとが自分に服従するのは当然と考える傾向にあります。それが支配者となると、国内では武力の与える恐怖心によって人民を支配し、対外的には武勇を誇示し果ては世界制覇さえ夢見ます。小悪魔がセミョーンに「むこうみずな勇気をふきこんでやった」と自慢するのはこの人間の傾向につけこんだことになります。セミョーンは世界中を攻めとって見せると大言壮語、しかし小悪魔の小細工により、インド王の兵隊の数に圧倒され、おまけに火薬が濡れて使えない事態に陥り、逃亡します。この出来事は、戦において相手を打ち負かすためには相手より強力でなければならないことを告げています。その結果求められるのは、軍隊の増強、軍備拡張です。しかもこれは相手側も同様で、双方の間には飽くことなき軍備拡張競争、新兵器開発競争を生むことになります。トルストイはこのような理屈を説くことなく、セミョーン王に対抗するインド王の対策と作戦を語ることによって、読者に直感的にこうした軍事力の本質を理解させてくれます。戦争に女性兵士を使ったり飛行機を思わせるものを作り出したり、当時にはまだ考えられないことが軍備拡張の行き着く先にあることをトルストイは見抜いています。第一次世界大戦、第二次世界大戦を通じ、さらに現代も続けられている新兵器の開発を思い浮かべる時、トルストイの直観の鋭さに頭が下がるのではないでしょうか。武力のこうした本質を利用して、小悪魔も悪魔の親方もやすやすと、武力の信奉者のセミョーンにつけこみ破滅させるのです。トルストイは青少年むけのこのお話を通じて、まず軍事力による支配、さらにはその根底にあるパワーポリティックス、力の論理への批判の目を養うことを目指していると思われます。

　軍人セミョーンに対し弟のタラースは、金（富）の力の信奉者です。金さえあれば何でも自分の欲しいものが手に入る、大儲けすることもできる、人を使うこともできる、安楽な生活が送れる、などなど富は夢と希望を与えてくれる、というのが一般の人々の素朴な通念でしょう。しかし、金（富、資本）の世界も武力と同じく、強い方が弱い方を征服するという法則をもっています。身近なところでは大資本のスーパーの進出によって中小の商店が立ち行かなくなったというニュースを耳にすることがあります。ここでも弱肉強食、力の論理が支配しているのです。そこで起こるのは生存競争に勝つための営利追求、権力の獲得です。トルストイはこうした富の魔物性を、巧みに物語で明らかにします。小悪魔が「タラースの腹をますますふくらませ、欲張りにしてやった」というのは、富を手にした人間の陥る罠の一つで、簡単に破産においこまれます。つぎにイワンに作ってもらった金貨をもとに王様となったタラースの取った支配方法は、飽くことなき富の蓄積です。しかしその富も悪魔の親方の無限の富の力を前にしては、資本の論理によって完全に力を失ってしまいます。品物はすべて高値の付いた方に流れます。タラースには置き場に困るくらい金が集まりながら、品物を何も買うことができず飢餓に陥るという皮肉な運命が待っていたのです。荒唐無稽な話に見えながら、飽くことなき資本の蓄積、巨大資本の末路にトルストイは警告を発しているようです。現代の市場原理による経済成長神話に対しこの文豪はどのような物語を作るでしょうか。

以上はトルストイによる現代社会の病理診断です。つぎにその治療の処方箋を見ることにします。それは、一言でいえばイワンの王国の実現です。イワンは「ばか」とされており、その国には「ばか」しかいないことになっています。この点について一言触れておきます。

「ばか」という言葉は常識的には他の人に向かって使えば、侮蔑、侮辱になります。しかし自分について自嘲的に用いる以外に、世渡りの知恵、抜け目のなさ、利口、さかしらなどに対し、人間としてそこに欠けている何かこうありたいというものを表わすのに用いられます。洋の東西を問わず、人間の尺度による賢さや知者、学者ともてはやされるものを否定する教えが説かれてきました。トルストイは民話集を執筆する前後に、中国の孔子、老子を耽読、特に老子の『道徳経』の翻訳を志しています。（ちなみに、その十年後、日本からの留学生、小西増太郎――キリシタン大名小西行長の裔――を紹介され、原典からの共訳を試みています。）　老子は例えば、無為自然な生き方が理想であり、君主も知識に頼るのではなく無為自然に国を治めるならば幸福が実現する、世間的に高く評価される聖人、知者を用いなければ人民の利益は百倍になる、と説いています。あるいは、若きトルストイが熱中したルソーは、人間が平等だった自然状態から、社会が発達するに従い人間の不平等が生じてきたこと、学問、芸術、技術の発展は人間を堕落させ不幸にする、と主張しています。こうした思想の直接の影響は断定できませんが、トルストイの中でいわば窯変して、理想の人間の在り方としての「ばか」のイメージが生まれたものと思われます。実際、兵隊を作った麦束を元に戻す方法を確かめたり、麦粒をちゃんと落とした麦藁を使って兵隊を造ったり、兵隊を村から外に連れて行くようにセミョーンに約束させたり、イワンは決して「ばか」ではありません。畑を耕し、穀物を育て、収穫する農民の知恵と食べ物への慈しみにあふれています。トルストイは質朴な百姓を敬愛し、自分も同化することを目指しましたが、貴族というだけで心を開いてもらうことはできませんでした。イワンにはトルストイの憧れが人物の姿をとっているといえるでしょう。

　イワンの国の実際を見てみます。まず、ここには軍隊なるものがありません。軍隊が人を殺すことがある、というだけでイワンは兵隊を作ることを拒否します。またばかたちは、兵役を拒否します。

「おれたちは兵隊にゆかないよ。女はやもめになるし、子どもはみなしごにされる。自分たちはよその国へ追いやられて、おまけに殺されてしまうなんて、いやなことだ。それならいっそ自分の国に居て殺されたほうがましだ。どうせ一度は死ななくてはならないんだから。」

そのかわり、イワンの国民はタラカン王の侵略に対しても、戦う事を知らず無抵抗です。略奪に対してはこちらから物を差し出す、破壊行為に対しては泣くばかり。結局侵略軍の方が嫌気がさして、ばらばらになってしまいます。この国ではトルストイの、軍隊否定主義、無抵抗主義、平和主義が徹底しているのです。

つぎに、イワンの国にはお金なるものがありません。物々交換、時に物と肉体労働を交換し合うことで互いに補い合っている。金を払ったり税金をおさめたりすることがないので金は不用、せいぜい女たちの髪飾り、子どもたちのおもちゃにするぐらい、だから何枚か手に入れば、もう沢山。これでは悪魔の親方の金による人間支配は進みようがありません。トルストイはロシアの後進性を農奴制に見出しており、土地所有を伴わぬ農奴解放はやがて下からの革命を余儀なくする、と主張していました。それに伴って、彼は社会主義の研究に身をいれ、マルクスの経済学批判にも注意を払っています。ロシアでは遅れて発達したとはいえ、当時資本主義による労働者・農民の疎外状況は悪化しており、トルストイは資本主義の病理を見抜いていました――前に紹介したタラースの飽くことなき欲望充実の追求、経済競争による富の蓄積、更に大きな資本による破綻《はたん》の物語を思い出してください。ただ、トルストイの場合は暴力否定が絶対条件であり、そこから考え出されたのが、貨幣経済の否定、私有財産の否定、共産主義でした。イワン王国はトルストイの夢が実現している夢の国なのです。

最後に、イワンの国は人びとが「手と背中を使って」働くところです。すなわち、大地を耕し、大地の稔りを手に入れ、互いを養うところです。そこに支配する者も、支配される者もいないようです。イワンは王様とはいえ、百姓仕事に人びとと一緒に精をだし、お妃も一緒に働いています。だれかが来て「わたしどもを養ってください」と言えば、イワンは「よしよし、いっしょに暮しなさい。わしのところには何でもどっさりあるから」と答えます。むずかしくいえば、ここには農民による無政府主義的原始共同体が実現しているのです。これもまたトルストイの願いがこめられていることは確かです。

ところで、この国には、手にまめのない者はひとの残りものをたべなければならない、というただ一つのしきたりがあることになっています。かつて「働かざる者食うべからず」は共産主義のモットーとしてもてはやされました。これに対しトルストイは「ひとのあまりもの」で養うことにしています。緩和されているとはいえ、働きたくても病気などで働けない人に対する冷たい差別ではないか、と言いたくなります。しかし、このしきたりにはトルストイ自身の反省がこめられているものと思われます。自分が貴族の家に生まれたが故に、農民搾取のうえでのぜいたくな生活を送ってきているが（いわゆる宗教的転回後、ソフィア夫人や息子たちにも生活を改めるよう要求するが受け入れられることはないが）、本当は自分にはひとのあまりものしか頂く資格がない、という自責の念と、このことを忘れてはならないという自戒の念がこめられているのではないでしょうか。

以上の物語に託されたトルストイのメッセージとは、つぎのようなものであるとまとめることができるでしょう――現代社会を支配する力の論理、それを支える軍事力と資本の力に対し、平和主義、無抵抗主義、兵役拒否、貨幣廃止をもって対抗し、大地を耕し、大地の恵みを分かちあい、大地の恵みに自足する生活、具体的には、愚直に農耕にいそしむ権力のない相互扶助の愛に満ちた共同体の実現によって、現代社会の病は克服できるのだ、と。

さて、『イワンのばか』にはトルストイの全思想が渾然一体となって息づいている、ということに納得して頂けたでしょうか。と同時に、いろいろな疑問、いろいろな不満が胸の中に湧き起こってくるのではないでしょうか。いわく、あまりに楽天的ではないか。いわく、かくまでも複雑に発達した現代社会にこのような処方が可能なのか。いわく、人間の本性を完全に無視してしまっているのではないか。いわく、結局理想主義者の絵空事ではないか、等々。

例えば平和主義のために軍隊をもたないで無抵抗主義に徹するという立場は理論上可能でしょうが、現実に可能でしょうか。確かに国家の治安維持に権力者が軍隊の指揮権を握ることは望ましいことではないでしょう。しかし、他国からの侵略に備える自衛のための軍事力まで廃棄できるでしょうか。『イワンのばか』では徹底的な無抵抗を前に、タラカン王の兵隊たちは次第にいやな気持になって、ばらばらにどこかへ去ってしまいます。トルストイはここで性善説に立っています。が、上官の命令を盾に略奪破壊をほしいままにする人間が、果たして現れないものでしょうか。歴史上こうした事例は限りなく繰り返されてきています。これはあまりに悲観的な見方かもしれませんが、残念ながら人間の本能の一部に隠されていることは否定できないでしょう。トルストイの人道主義が甘く楽天的すぎると主張する人びとの言い分です。

あるいは、数え切れない要素が絡み合って営まれている現代の社会の病根を力の論理一つと断定し、これさえ解消されれば万事は解決するという主張も原理主義的すぎるでしょう。自然科学、社会科学、人文科学がそれぞれの成果を持ち寄り、協力しあって初めて人類の直面している危機を克服することが出来るのではないか、との主張の方に説得力がありそうです。トルストイはあまりに単純であり、その主張は絵空事にすぎない。

勿論『イワンのばか』は、創作民話であり、絵空事と非難するほうが狭量と言うべきかもしれません。むしろ絵空事と受けとめられようと、トルストイはそれを承知で、自分の信じる未来のあるべき社会の姿をいわばたとえ話で語って見せたのではないでしょうか。その点で、この作品はサー・トマス・モア（一四七八～一五三五）の『ユートピア』（一五一六）の青少年向けロシア版と言えるかもしれません。この書名はギリシア語の否定詞ou（ウー、「…でない」）とto-pos（トポス、「場所」）からのモアによる造語で、これに彼はさらにギリシア語eu（エウ、ユー、

「良い」）の意味もこめたとされます。つまり「どこにもない良い所」をユートピアは指すのです。それこそ、現在はどこにも存在しない架空かもしれないが理想が実現している場所です。モアの作品は風刺に満ちているのに対し、トルストイの場合は彼らしく大真面目という違いがありますが……。それはさておき、このユートピアは幻想にすぎないのでしょうか。実現の可能性は皆無なのでしょうか。決してそうではなく、トルストイは実現が可能と信じていたものと思われます。それは人びとが「悔い改める」ことによって可能となるのです。それは宗教的危機を脱して到達した彼と信仰を共にすることです。彼は、ソフィア夫人や息子たちが悔い改めることなく旧態依然たる生活を続けていることに絶えず怒りを発していますが、もし許されるならば、一般の人々にも声を大にして洗礼者ヨハネのように叫んだのではないでしょうか、「汝ら悔い改めよ」と。門外漢には到底納得出来るものではありませんし、自分だけが真理をわがものとしているとどうして言えるのか、これは傲慢ではないか、反発したくなります。しかし、トルストイはそれを百も承知で語らずにはいられなかった、いわばダイモンが彼を著作に駆り立てたと言うほかないのかもしれません。それは日記や書簡の端々にうかがうことができましょう。以下は彼を衝き動かしていた躍動する精神のほとばしりの一端です。

　人間なるお前が〔善の果実を〕刈るのではないことをわきまえて、種子を蒔け、種子を蒔け。一人が種子を蒔き、他の人が刈るのだ。L・N・〔レフ・ニコライ〕という人間なるお前は刈らないだろう。もし単に刈ることのみならず、雑草を取ることを始めるなら、小麦を駄目にしてしまうだろう、――蒔け、蒔け。……汝が褒賞を見ることなしになすところのこと、愛しつつなすところのことは、それはたしかに神のものである――蒔け、さらに蒔け。そうすれば神のものは育ち上がるだろう、そして人間なるお前ではなく、お前の心の中で蒔くところのものがそれを刈るだろう。

（『日記』一八八二年十二月二十二日、除村吉太郎抄訳、岩波文庫、一九五〇年、以下同）

……人間の中により善き、またより高き感情を喚起するところの芸術がある。……

（『日記』一八九六年二月二十七日）

……われわれを救うことができるのは、あらゆる宗教的真理の全体的な認識である。この真理は大昔から人間の心に啓示されて来たのであるが、生き方についてのあらゆる真実の教えにおいては、明晰に、単純に、説得性をもって啓示されている。そして特にキリストの教えにおいて明晰に身近に啓示されているのである。このことを理解し、この真理を受け入れればよいのだ――この真理は、われらの生はただ次第に大きくなって行く愛の顕現の中にあるということである……

（『日記』一九〇八年二月二十日）

……作家の目的とは、課された問題を解決することにあるのではなく、読者をして人生をその数限りない無尽の表情すべてのもとに、愛させることにあるのだ。例えばあらゆる社会問題に関して私の正しいと思うところを披瀝するようにと言われても、私はそれに二時間であれささげることはない。しかし私の書いているものが、今の子供たちに二十年後には読まれ、そしてこの子供たちがそれを読んで笑ったり泣いたり、人生を愛することを学ぶだろうと言われたならば、私はそれに一生、私の持てる力をすべてささげるだろう。

（『書簡』一八六五年七月…八月、Ｐ・Ｄ・ボボルイキンへ〔未発送〕）

ロマン・ロランは『トルストイの生涯』（増補版、一九二八）を次の言葉で結んでいます。

彼は生涯のあいだ、永久に遠くにある理想に向かって進もうとする自由なキリスト教徒の最も気高い典型……「われわれの兄弟」なのだ。

（蛯原徳夫訳、岩波文庫、一九七〇年）

あとがき

二〇二〇年二月、新型コロナウィルス感染症（COVID 19）が騒がれ始めたころ、不思議な体験をしました。近所の商業施設の催場で、「テレジン収容所の幼い画家たち展」を見ていた時のことです。第二次世界大戦中ナチスにより、チェコスロヴァキアのプラハから北六十キロほどにある小さな町テレジンに、アウシュヴィッツへの中継収容所が建てられました。高い塀と鉄条網に囲まれ、外には各地からユダヤ人を送り込み、アウシュヴィッツへと送り出す鉄道線路が敷かれていました。そこには子供たちも多数収容され、親から離され、わずかな食事しか与えられないまま、強制労働につかされていました。こうした状況で、生きる希望さえ失っていた子供たちを目にして、もう一度笑顔を取り戻させたいと命がけで立ち上がった一人の女性がいました。フリードル・ディッカー先生（一八九八―一九四四）です。「明日はきっと良い日が来ます。それを信じて絵を描きましょう」と子供たちに語りかけ、拾った紙切れに、ちいさくなったクレヨンや絵の具を探し出し、絵を描かせ始めたのです。子供たちは大好きだった学校や遊園地や花の絵を描くうちに笑顔がもどってきました。他の大人たちも見張りの目を盗んで、ごみの中から絵の描けそうな紙や布切れ、絵の具になりそうなものなどを集めてくるようになります。しかし子供たちとディッカー先生は一九四四年にアウシュヴィッツのガス室に送られてしまいます。一万四千人いた子供たちのうち、生き残ったのは百人だけと伝えられています。そして四千枚の絵と数十篇の詩が遺されていたのです。

（野村路子『テレジン収容所の小さな画家たち詩人たち』参照）

展覧会でこの子供たちの絵とそれぞれの短い生涯（ディッカー先生は、番号でしか呼ばれていなかった子供たちに、親のつけてくれた本当の名前を署名させていました）を紹介された時、胸が張り裂けそうになりました。楽しそうな絵ばかりではなく、立木で絞首刑にされている男とそれを見張っている二人の兵士らしき人物の絵もあります。これを描いた男の子の心の中は想像を絶し、目の前が真っ暗になります。と、その時私の目の前に子供たちが現れたのです。子供たちの頬はふっくらと柔らかく、皆でニコニコうれしそうに私に笑いかけています。それは一瞬の幻影だったのかもしれません。しかし、私は子供たちの霊が神様のそばに招かれ満ち足りた生を送っていることを教えられるとともに、イエスの山上の説教（『マタイ福音書』五・三―一二）が実現していることを実感したのです。イエスが「幸福《さいわい》なるかな」と祝福している人々は決して大人とはかぎらない、なにもわからないまま残酷な状況に投げ込まれた子供たち、否、こうした子供たちをこそイエスは神のもとに連れて行かれたのだと、実感したのです。「心の貧しき者」（父母、友達から切り離され、一切の持ち物もなく収容所に送り込まれた子供たちのよるべなさが思われます）、「悲しむ者」（字義通り子供たちの胸は張り裂けんばかりというのが実感です）、「柔和なる者」（子供たちは恐れおののく子羊を思わせます）、「義に飢え渇く者」（子供たちは有無をいわさず不条理で残酷な運命に投げ込まれました、この反対の世界に憧れずにはいられません）、「憐みあるもの」（今日死ぬことになるかもしれぬ恐怖の中で、年下の子供たちへのいとしさが胸をふさぎます）、「心の清き者」（絵を描くとき子供たちの心は無心です）、「平和ならしむる者」（子供たちはこの戦争の世界を目の前にして、これは間違っていると直感し、平和を熱望したことは確かです）――イエスが子供たちを愛し、死後に祝福を与えてくださったことを教えられ、私は思わず嬉しくなりました。

　この体験はちょうど、私が本稿「愛と信頼考」にとりかかろうとしている時でした。その際、内村―塚本―道正の諸先達が復活の信仰なくしてキリスト教はありえないと、繰り返し訴えていることが、頭に引っかかって筆が止まっていました。しかし幻影にせよ収容所の子供たちが満ち足りた生を送っている姿を見た瞬間、霊の復活、無力な子供たちのただ何かによりすがる姿、その子供たちを、愛をもって受けとめ神のもとに連れて行くイエス、という構図がストンと胸に落ち着いたのです。と同時に、春風学寮の精神として受け継がれてきた「愛と信頼」についても、はっきりとした視座が定まりました。そして「まえがき」で引用した内村鑑三の伝道についての一文「我れ我が神の恩恵に由りてかく成るを得たり、余は汝にこの事を報せんと欲す」が、私を駆り立て、「愛と信頼」を学ばせて頂いた喜びを、伝えたいと稿を起こした次第です。

　ここに記したようなひとりよがりの舞台裏からもわかるように、はじめこの拙稿は私的なパンフレットとして知り合いに配布するつもりでした。そこで南窓社さんに相談したところ、松本社長が、公のものとして出版しては、と勧めてくださいます。私は、これが一粒の麦、一粒のカラシ種となれば幸いと思い直し、南窓社さんに甘えることにした次第です。編集にあたり、本人の未熟で舌足らずの原稿を忍耐強く、できるかぎり明晰なものへと導いてくださった松本訓子さんに厚く御礼を申し上げます。

　このあとがきを書いているうちに、感謝とともに、私の胸にしきりに浮かんでくるのは、道正のおじさまの愛唱の讃美歌の一つです。紹介します。

ほむべきかな　主のみめぐみ、
今日まで旅路を　守りたまえり。

よろずの民よ、たたえまつれ、

「あがない主《ぬし》に　み栄えあれと」

（日本基督教団『讃美歌』一九五四年　五三四番）


　そして、まだ使い道があるとして私が生かしておいていただける時間があるとすれば、春風学寮に感謝しつつ、おじさまのもう一つの愛唱歌とともに生涯を送りたいと念じております。

わが主のみまえに　よろこびつどいて、
うえなきみめぐみ　うたいたてまつれ。
わが主にならいて　ひとをばへだてず、
かたみになぐさめ　たがいにたすけよ。

わが主のためには　その身をわすれて、
ちからのかぎりに　つかえたてまつれ。
わが主は御弟子《みでし》の　足をもあらいて、
しもべのみちをば　しめさせたまえり

わが主をおのれの　かしらとあがめて、
ひとつとなりにし　ともよ、はらからよ、
いよいよしたしみ　こころをあわせて
わが主の大御代《おおみよ》　ことほぎまつれや。

（同右『讃美歌』五三七番）

二〇二二年十一月二十七日（おじさまの誕生日に）

眞方忠道

眞方忠道（まがた ただみち）

1938年生。
1962年、東京大学文学部哲学科卒業。
1967年、同大学院人文科学研究科博士課程単位取得退学。
秋田大学、神戸大学勤務を経て、現在神戸大学名誉教授。
著書：『ファンタジーの世界』（共編、九州大学出版会、2002年）
『プラトンと共に』（南窓社、2009年）
『人間観をたずねて――哲学入門』（南窓社、2014年）
『はじめての選挙権――年若き友に』（共編、南窓社、2018年）
訳書：ロイド=ジョーンズ『ゼウスの正義――古代ギリシア精神史』（共訳、岩波書店、1983年）、グレアム・オークリー『ねこのサムソンシリーズ　教会ねずみききいっぱつ』（他）（すぐ書房、1993年）、エニード・ブライトン『フェイマス・ファイブ――島にいるのはだれだ！』（実業之日本社、2004年）

二〇二三年一月十五日　印刷
二〇二三年一月二十日　発行

愛と信頼考
――学寮の贈り物――

著者　眞方忠道
発行者　松本訓子
発行所　株式会社南窓社
東京都千代田区西神田二丁目四番六号
電話　〇三―三二六一―七六一七
Fax　〇三―三二六一―七六二三
E-mail nanso@ijj4u.or.jp

落丁・乱丁はお取替します

ISBN978-4-8165-0479-2